Christian Frevel
Oda Wischmeyer
MENSCHSEIN

Christian Frevel
Oda Wischmeyer

Menschsein

echter

Die Reihe Neue Echter Bibel – Themen wird herausgegeben von Christoph Dohmen und Thomas Söding

Bibliografische Information der Deutschen Bibliothek

Die Deutsche Bibliothek verzeichnet diese Publikation in der Deutschen Nationalbibliografie; detaillierte bibliografische Daten sind im Internet über <http://dnb.ddb.de> abrufbar.

www.echter-verlag.de
Druck und Bindung: Friedrich Pustet GmbH & Co. KG, Regensburg
ISBN 3-429-02177-4

Inhalt

Altes Testament

Christian Frevel

Hinführung

»Was ist der Mensch, und wozu nützt er? Was ist gut an ihm, und was ist schlecht?« (Sir 18,8)[1]. So fragt der moderne Mensch mit Jesus Sirach. Der Mensch als das einzige Wesen, das mittels seiner Vernunft seinen Welt- und seinen Transzendenzbezug bedenken kann, muß sich immer neu Antwort geben auf die Frage, was Menschsein ist. Die Frage nach dem Menschen bleibt – und diese Einsicht ist zentral – wie die Frage nach Gott vom Ansatz her eine offene Frage. Der Mensch stellt sie sich selbst; er stellt sich darin selbst in Frage, bleibt nicht frag-los, sondern sich selbst frag-würdig.
Die Dauerreflexion über das Menschsein kann aus unterschiedlichen Perspektiven erfolgen, aus naturwissenschaftlicher, philosophischer oder theologischer Perspektive. Sowohl die Grundlagen als auch die Ergebnisse fallen jeweils unterschiedlich aus und treten anschließend in ein Gespräch miteinander ein. Keine Perspektive kann für sich beanspruchen, alleingültig oder wahr zu sein. Das Ringen der unterschiedlichen Perspektiven um eine Antwort ist Weg und Ziel zugleich. Eine der unaufgebbaren Grundlagen der theologischen Reflexion über den Menschen bildet das biblische Menschenverständnis. Das Menschenbild des Alten Testamentes kann von einer vorgegebenen Systematik her entfaltet werden oder aber – dem vielstimmigen kanonischen Zueinander des biblischen Zeugnisses eher entsprechend – zunächst ohne Anspruch auf ein geschlossenes System beschrieben werden. Eine Geschlossenheit in der Konzeption ist dem Alten Testament fremd. Dafür ist nicht nur die Vielfalt seiner Teile zu groß, sondern auch das Denken des Alten Testamentes nicht geeignet. Das ist, so die Schlagworte, viel stärker synthetisch als analytisch, konkret statt abstrakt, stärker narrativ als darstellend, belebend, nicht belehrend. Denn das Alte Testament ist kein Lehrbuch, sondern ein Lebensbuch. Es erzählt von konkreten Menschen, ihrer Niedrigkeit und Größe, ihrem Scheitern und Gelingen, ihrer Würde und Verletzbarkeit, ihrer Macht und Ohnmacht und ihren Fähigkeiten und Grenzen. So steht neben der Größe des Menschen in der Gottesbildlichkeit und dem »wenig geringer gemacht als Gott« (Ps 8,6) das »Ich aber bin ein Wurm« (Ps 22,7). Daß Menschsein gerade in dieser Spannung nicht nur ausgehalten, sondern entworfen wird, macht die Rede vom Menschen im ersten Teil der christlichen Heiligen Schrift so anschlußfähig für die Moderne, in der der Mensch sich in der Zerrissenheit zwischen Allmacht und Ohnmacht zu begreifen sucht. Auch wenn im Alten Testament weder Fragen der Grenzen der Biotechnik, der Letztbegründung ethischen Handelns noch Fragen der Durchsetzung universaler Menschenrechte verhandelt werden, bleibt doch die Rede vom Menschen im Alten Testament Anregung, in diesen Fragen Position zu beziehen. Dabei ist es keinesfalls so, als würden auch heute noch gestellte und aktuelle Fragen im Alten Testament nicht angesprochen. Grundfragen der Würde des Menschen, der Grenzen

der Naturbeherrschung oder des Zeitbezugs des Menschen werden tiefergehend thematisiert, wenn auch nie systematisch entfaltet.
Das Besondere der Heiligen Schrift liegt nicht in der Antwort auf diese Fragen, sondern in dem Rahmen, in dem diese Fragen gestellt werden. Menschsein wird nicht nur in sozialen Kontexten und im Verhältnis zur Welt entworfen, sondern alles menschliche Sein findet als Sein vor und mit Gott statt. Das Alte Testament bestimmt Menschsein von Gott her und auf ihn hin. Das zeigt schon die »Mottofrage« der Anthropologie, wenn man sie in ihren biblischen Kontext zurückstellt. Das »Was ist der Mensch?« aus Sir 18,8 geht aus von einer lobend anerkennenden Reflexion über die Größe Gottes als Schöpfer der Welt. Aus der Einsicht in die Undurchdringbarkeit göttlicher Weisheit und Ordnung setzt der Sirazide die menschliche Existenz in Relation zur Ewigkeit: »Wie ein Wassertropfen im Meer und wie ein Körnchen im Sand, so verhalten sich die wenigen Jahre zu der Zeit der Ewigkeit« (Sir 18,10). Der Mensch sieht sich dem Erbarmen Gottes gegenüber und erkennt fragend Größe und Niedrigkeit seiner Existenz. Auch in den Parallelen Ps 8,5; 144,3; Ijob 7,17; 15,14 steht hinter der Frage nach dem Menschen die Frage nach Gott und dessen Verhältnis zur Schöpfung und insbesondere darin zum Menschen. Die Frage spannt sich aus zwischen Klage und Lob, Widerspruch und Zustimmung, Ablehnung und Anerkennung – immer von dem Bewußtsein des unverständlich großen Erbarmens Gottes getragen.
Der Versuch einer Anthropologie des Alten Testaments kann nur dann gelingen, wenn die ganze Spannbreite der alttestamentlichen Tradition Berücksichtigung findet. Das allerdings darf nicht nur in einer bloßen Aneinanderreihung geschehen, sondern muß eingebunden sein in eine Denkbewegung Biblischer Theologie, die beide Testamente als Einheit zusammenzusehen sucht. Da in dem vorliegenden Buch Altes und Neues Testament getrennt behandelt werden, wird leicht auffallen, daß die Ansätze unterschiedlich sind. Aus der kanonischen Ganzheit der Schrift heraus beurteilt, ist das eher fruchtbar als hinderlich. Der alttestamentliche Teil will nicht für sich in Anspruch nehmen, eine Anthropologie des Alten Testaments zu entwerfen. Das ist seit dem Entwurf von Hans-Walter Wolff nicht mehr geschehen, und dafür bräuchte man mehr Raum zur Entfaltung und wohl auch einen längeren Angang, der die theologische Anthropologie als kulturwissenschaftlich gestützte Rahmendisziplin entfalten würde. Hier soll es lediglich um einige ausgewählte Grundlinien des Menschenverständnisses im Alten Testament gehen. Die Auswahl der Linien wurde durch die Reihe »Neue Echter Bibel-Themen« mitbestimmt. So findet z.B. der Widerspruch des Menschen vor Gott, also der Bereich von Sünde, Schuld und Sühne, kaum Berücksichtigung, weil es dazu eigene Entwürfe gibt[2]. Neben dem Problem der Auswahl stellt sich das Problem des Aufbaus. Orientiert man die »Anthropologie des Alten Testaments« an den Schriften und stellt etwa die Tora neben die Weisheitsliteratur oder orientiert man sich im Aufbau am menschlichen Leben von der Wiege bis zum Grab? Hier sind viele

Gliederungen möglich. Im vorliegenden Versuch sollte der Tatsache Rechnung getragen werden, daß die Schöpfungserzählungen (Gen 1–3) bzw. die biblische Urgeschichte (Gen 1–11) eine anthropologische Dichte sondergleichen haben. In ihnen werden nahezu alle anthropologischen Grundfragen von der Sozialität und Kulturalität, der Geschlechtlichkeit des Menschen, über Arbeit, Wille und Sprache bis hin zum Widerspruch gegen Gott und der schöpfungsgemäßen Bestimmung des Menschen entfaltet. Zugleich stehen aber die Schöpfungsberichte biblisch *nicht* im Zentrum, sind nicht so dominant, wie wir sie gewöhnlich wahrnehmen. Einen zweiten Schwerpunkt bilden die Psalmen, das Buch Ijob und die übrige Weisheitsliteratur. Würde man nun die Schöpfungserzählungen getrennt behandeln, käme es immer wieder zu Doppelungen. In der folgenden Darstellung beginnen darum die einzelnen Abschnitte bewußt immer wieder mit grundlegenden Aspekten, die aus den Schöpfungserzählungen entwickelt werden. Danach greifen sie in die Breite des Alten Testaments aus.

A. Mensch-Werdung im Alten Testament

Ich danke dir, daß du mich so wunderbar gestaltet hast
Ps 139,14

Das menschliche Leben ist ausgespannt zwischen Geburt und Tod. Nur in einem begrenzten Raum-Zeit-Kontext kann ein Einzelner sein Mensch-Sein verwirklichen. Weder den Zeitpunkt noch den Ort der Geburt kann der Mensch selbst bestimmen, und auch das Lebensende ist seiner Verfügbarkeit entzogen. Der glaubende Mensch sieht seine Lebensspanne vielmehr in die Verfügung Gottes hineingegeben. Es sind die Schwellen des Wovon-her und des Worauf-hin des Menschen, die zentralen Schnittpunkte des Daseins. Der Glaube an eine gewollte Herkunft und einen guten Anfang ist Voraussetzung einer personalen vertrauensvollen Gottesbeziehung. Zugleich gibt es nichts, was dieses Dasein so sehr bestimmt wie die Gewißheit der Vergänglichkeit des Menschen und die Unverfügbarkeit des Todeszeitpunkts. Geschaffen-Sein und Vergänglichkeit des Menschen sind daher wohl die stärksten Konstanten des Mensch-Seins. Dementsprechend setzt das Nachdenken über den Menschen bei seiner Geschöpflichkeit und dem Bezug auf den Schöpfer ein. Die alttestamentliche Anthropologie ist durchzogen von Reflexionen auf die individuelle Menschenschöpfung. Zwar ist Schöpfung innerhalb der biblischen Theologie insgesamt eher ein Randthema, jedoch haben schöpfungstheologische Gedanken in der Anthropologie zentrale Bedeutung.

1. Menschwerdung am Anfang

In den altorientalischen Schöpfungsmythen ist der Mensch geschaffen, um den »Tragkorb der Götter« zu tragen, d.h. um die Götter in ihrer Arbeit zu entlasten. Meist geht ein Konflikt unter den Göttern voraus. Die niederen Götter sind nicht mehr bereit, die schwere Arbeit zu leisten, und verlangen Entlastung. Indem der Mensch – meist aus Lehm oder aus Körperflüssigkeiten der Götter – geschaffen wird, wird er in die Fron der Götter hineingestellt. Es gibt keine Freiheit des Menschen gegenüber dem Gott, der ihn geschaffen hat[3].
Zwar sind die Parallelen zu den beiden Schöpfungsberichten der Bibel deutlich erkennbar, doch ist dort der Akzent ein ganz anderer. In keinem der Schöpfungsberichte gibt es einen Ausgangskonflikt in der Götterwelt, und in beiden wird der Mensch nicht geschaffen, um die Götter zu entlasten. Der in der Unsicherheit des Exils entstandene erste Schöpfungsbericht Gen 1,1–2,4a ist durch eine feste Ordnung geprägt. Das Chaos wird hier von dem souveränen Schöpfergott zurückgedrängt und zu einem Kosmos ge-

ordnet. Der Mensch ist Teil dieses Kosmos und Teil der kosmischen Ordnung. Die neun Werke der Schöpfung sind auf die sechs Schöpfungstage verteilt, und durch feste Formeln (Redeeinleitungsformel, Tagesformel, Entsprechungsformel und Billigungsformel) wird das Geschehen gegliedert. Am ersten, vierten und siebten Tag dominiert die Zeitstruktur (Erschaffung des Lichtes und damit des Tag-Nacht-Wechsels, Erschaffung der Gestirne für den Jahres- und Monatslauf und Erschaffung der Woche durch Ausgrenzung des siebten Tages), am zweiten, dritten und fünften Tag die räumliche Aufteilung (Trennung der Wasser und Abgrenzung der Erdteile, damit Erschaffung des Lebensraums, anschließend Erschaffung der Pflanzen als Lebensgrundlage, am fünften Tag Bevölkerung des Lebensraums in Luft und Wasser mit Lebewesen). Welt- und Menschenschöpfung sind hier eng zusammengebunden. Am sechsten Tag werden die Landtiere und die Menschen erschaffen. Schon diese Gleichzeitigkeit an einem Tag muß im altorientalischen Vergleich verwundern. Der Mensch ist den Tieren als Mitgeschöpf beigeordnet, nicht den Göttern und ihrer Traglast. Er ist mit ihnen im Segen zusammengebunden und durch den Herrschaftsauftrag in eine Fürsorge, ein stellvertretendes Erhaltungshandeln eingebunden. Der eigentliche Akt der Menschenschöpfung ist im ersten Schöpfungsbericht sehr knapp gehalten. Weder wird angegeben, aus welchem Material Gott den Menschen schuf, noch wie sich der Vorgang im einzelnen ausgestaltete. Wie in den anderen Schöpfungswerken auch ist Gott hier nicht Handwerker, sondern souveräner Schöpfergott, dessen anordnendes Wort dauerhaft hervorbringt. Das Entscheidende im ersten Schöpfungsbericht ist das *Ziel* der Menschenschöpfung. In der eigenartigen pluralischen Selbstaufforderung (»Lasset uns Menschen machen …«), die vielleicht eine Distanz zwischen dem Gattungswesen Mensch und Gott eintragen will, wird die Gottebenbildlichkeit und die damit verbundene Herrschaft der eigentlichen Schöpfung vorangestellt. Die Ausführung in Gen 1,27 ist einerseits knapp, betont aber ebenfalls durch das wiederholende »als Bild Gottes schuf er ihn« die funktionelle Hinordnung des Schöpfungsvorgangs auf die Gottesbildlichkeit des Menschen, der als Mann und Frau geschaffen wird. In Gen 1,28–31 bestätigt sich der Eindruck, daß es in dem ersten Schöpfungsbericht weniger um das »daß« der Menschenschöpfung, sondern um das »wozu« geht. Die Gottebenbildlichkeit (s.u. S. 50–52) soll aber zunächst zurückgestellt werden. Bevor die Menschenschöpfung im zweiten Schöpfungsbericht in das Zentrum der Aufmerksamkeit tritt, sei der Blick noch kurz auf Gen 5,1–3 gelenkt.

Versteht man den priesterschriftlichen Faden im Pentateuch als ursprünglich eigenständige Komposition, dann bildet Gen 5,1–3 die direkte Fortsetzung zu dem Schöpfungsbericht in Gen 1,1–2,4a. Nach der »Toledot« (Geschlechterfolge) des Himmels und der Erde (Gen 2,4) folgt jetzt die »Toledot« Adams. Zentrale Momente der Schöpfungserzählung aus Gen 1 werden hier wieder aufgenommen. Da ist zunächst einmal das Spiel zwischen Gattungsbegriff und Eigennamen. Das hebräische *'ādām* kann sowohl für den Eigennamen Adam als auch für die Gattungsbezeichnung »Mensch« stehen (s. dazu u. S. 26f). Im hebräischen Text steht in vv.1f derselbe Begriff und erst das »männlich und weiblich« macht zusammen mit dem Plural deutlich, daß es im ersten Satz nicht um Adam, sondern um den Menschen geht. Noch einmal wird hier in Aufnahme eines Teils der Terminologie von Gen 1,26 die Gottesbildlichkeit des Menschen als das herausragende Moment der Menschenschöpfung herausgestellt. Der Segen aus Gen 1,28 wird angespielt, zum Ausdruck, daß das Mensch-Sein gottgewollt, gut und von Gott begleitet ist. Gottes Segen liegt auf dem Menschen von Anfang an. Insofern der Segen in Gen 1,28 auf die Vermehrung des Menschen zielt, ermöglicht er die Ausbreitung des Menschen. Mit dem Segen war in Gen 1,28 zudem die Beauftragung des Menschen verbunden, die so auch zum Mensch-Sein hinzugehört. Der Mensch ist beauftragt, seine schützende und bewahrende Herrschaft über die Tiere auszuüben und so als Mandatar Gottes auf Erden zu walten. Ohne diese kulturelle Aufgabe des Menschen ist Mensch-Sein für die Priesterschrift nicht denkbar. Über den ersten Schöpfungsbericht hinausgehend ist die Benamung des Menschen. Gott nennt das von ihm geschaffene Wesen »Mensch«. Darin kommt schon eine Zuordnung des Menschen zu Gott zum Ausdruck. Mit der Namengebung ist die Initiation abgeschlossen, jetzt kann sich das Gattungswesen Mensch auf der Erde ausbreiten, was Gen 5,3 zum Ausdruck bringt. Adam – und jetzt ist wie in Gen 5,1a der Mann Adam gemeint (die Frau fällt – anders als in der vorpriesterlichen Überlieferung Gen 4,1 – aus der androzentrischen Perspektive bezeichnenderweise heraus!) – zeugt einen Sohn und gibt ihm den Namen Set (vgl. bereits Gen 4,25f). Auch hier sind zwei Momente bemerkenswert. In dem Repräsentanten der nachfolgenden Generation ist die zeugende Generation präsent. Set führt die Linie Adams weiter, er tritt an seine Stelle. Wie der Mensch von Gott als »Stellvertreter« eingesetzt ist, so tritt Set – im priesterschriftlichen Duktus – als der Erstgeborene an die Stelle Adams. Das zweite Moment ist, daß durch die Generationenfolge das Mensch-Sein, das in Gen 1 initiiert worden ist, stabil wird. Mit Set beginnt der Prozeß der zeitlichen und räumlichen Ausdehnung des Mensch-Seins. Vermehrung ist Voraussetzung für die Bevölkerung der Erde. Es ist auffallend, wie dicht dieser kurze Abschnitt entscheidende Momente des Mensch-Seins aus Gen 1 wieder aufnimmt. Gen 5,1–3 unterstreicht noch einmal, daß das Werden und die Rolle des Menschen in der Welt in Gen 1 kein Randthema gewesen sind. Kehren wir aber nun unseren Blick der Menschenschöpfung dem zweiten Schöpfungsbericht zu.

Anders als im ersten Schöpfungsbericht ist in Gen 2,4b–25, dem ersten Teil des zweiten Schöpfungsberichtes, die Menschenschöpfung mit größerer Ausführlichkeit bedacht. Gott erscheint als Handwerker, der den Menschen wie ein Töpfer bildet. Überhaupt ist Gott hier weit anthropomorpher beschrieben, wenn er wie ein Mensch im Abendwind durch den Garten wandelt, den Menschen aus Erde bildet oder ihm Kleider näht. Das Töpferbild ist vor allem aus mesopotamischen Texten seit dem ausgehenden 3. Jahrtausend als Bild für den Schöpfungsvorgang bekannt.[4] Die große Beliebtheit des Töpferbildes hat sich auch außerhalb von Gen 2 im Alten Testament niedergeschlagen. Drei Beispiele mögen das belegen. Zunächst ein Text, der in der Schöpfung ein Vertrauensverhältnis zwischen Gott und Mensch begründet sieht und in dem Bild vom Töpfer die vollkommene Abhängigkeit des Geschöpfes vom Schöpfer zum Ausdruck bringt. »Und doch bist du, Herr, unser Vater. Wir sind der Ton, und du bist unser Töpfer, wir alle sind das Werk deiner Hände« (Jes 64,7). Das zweite Beispiel stammt ebenfalls aus Jesaja. In Jes 29,15f dient das Töpferbild dazu, den Abstand zwischen Schöpfer und Geschöpfes zu betonen. Sich von Gott abzuwenden und sein Geschick unabhängig von Gott bestimmen zu wollen, wird darin als hybride verurteilt. Das bringt besonders der Kernsatz »Ist denn der Ton so viel wie der Töpfer?« (Jes 29,15f) zum Ausdruck. Im letzten Beispiel soll das Töpferbild die Gleichheit aller Geschaffenen zum Ausdruck bringen. Elihu versucht Ijob durch das Töpferbild von gleichen Ausgangsbedingungen im Mensch-Sein zu überzeugen. »Schau, ich bin wie du vor Gott, auch ich bin nur aus Lehm geformt« (Ijob 33,6). Weitere Belegstellen für die Beliebtheit des Töpferbildes ließen sich leicht finden (z.B. Ijob 10,9; Jer 18,5f). Doch worin gründet die Beliebtheit? Hier wird man sich nicht mit der Angabe eines einzigen Grundes begnügen dürfen. Sicherlich ist das Töpfern eine, wenn nicht die bedeutendste handwerkliche Tätigkeit, bei der aus einer ungeformten Masse kunstvoll etwas Plastisches gebildet wird, das danach die ihm gegebene Form wahrt. Zum zweiten ist es die Farbe des Lehms oder Tons, die den »Erdling« und »Rotbraunen«, also die rötlich-braune Hautfarbe des orientalischen Menschen assoziieren läßt. Als drittes Moment ist sicher für den biblischen Bereich – weniger deutlich erkennbar in den altorientalischen Texten – die Zerbrechlichkeit des Getöpferten von Bedeutung. Tongeschirr ist nicht dauerhaft, es zerspringt leicht, und ein zerschlagenes Tongefäß läßt sich nicht mehr zusammenfügen. Es ist *unwiederbringlich* zerstört (Jer 19,10f; Jes 30,14; Koh 12,6). Die Umschreibung des Geschaffen-Seins als Aus-Ton-getöpfert-Sein trägt demnach eine Vergänglichkeitsmetapher in sich. Ein letztes Moment ist die Wertdifferenz zwischen Töpfer und Ton. Während der Töpfer als kunstvoller Schöpfer geachtet ist (Sir 38,29f), gilt der Ton als relativ wertloses Material (Klgl 4,2; Ps 2,9). Gott bleibt im Töpfern des Menschen der souveräne Herr (Sir 33,13).

Nun ist aber im zweiten Schöpfungsbericht gar nicht vom Töpfern und vom Ton die Rede, sondern es heißt, wenn man es wörtlicher als in der EÜ übersetzt: »Da bildete JHWH Elohim den Menschen aus dem Staub der Ackererde, und er blies in seine Nase den Lebensatem. So wurde der Mensch zu einem lebendigen Wesen« (Gen 2,7). Das hier mit »bilden« wiedergegebene Verbum ist *terminus technicus* für das Töpfern. Ungewöhnlich ist die Rede vom Staub im Zusammenhang mit dem Vorgang des Töpferns. *'āpār* meint zunächst »Staub« und nicht »feuchte Erde« oder »Lehm«, und es ist offenkundig, daß hier eine textliche Beziehung zu Gen 3,19: »Denn Staub bist du, zum Staub mußt du zurück« geschaffen wird. Da diese Vergänglichkeitsaussage sonst ausschließlich in nachexilischen weisheitlichen Texten belegt ist (Koh 3,20; 12,7; Ijob 10,9 und Ps 104,29), das Wortspiel zwischen *'ᵃdāmāh* »Ackerboden« und *'ādām* hier wie in Gen 2,5; 3,23 zentral ist *und* bei der Erschaffung der Tiere in Gen 2,19 nur von der Ackererde die Rede ist, liegt die Vermutung nahe, daß die Vergänglichkeit des Menschen mittels des Staubes ebenso wie in Gen 3,19 erst später eingeschrieben worden ist.

Der Mensch ist dann als »Erdling« zur Bebauung des »Ackerbodens« aus der »Ackererde« geschaffen. Darin klingt das Töpferbild der Vergleichstexte auf jeden Fall an. Anders verhält es sich mit der Frau, die nicht aus dem Lehm geformt wird, sondern aus der Rippe des Menschen geschaffen wird. Ebenfalls scheint auf eine handwerkliche Vorstellung zurückgegriffen worden zu sein, zumal das verwandte Verbum in Gen 2,22 wörtlich »bauen« meint. Vielleicht ist es sogar das kunstvolle Fertigen einer Figurine aus Knochenmaterial oder das Umkleiden eines Gerüstes mit einer formbaren Masse. Es ist nicht genauer angegeben, wie Gott aus der Rippe des Menschen die Frau bildete, so daß beide Herstellungsmethoden assoziiert werden können. Warum aber eine Rippe? Vielleicht will die Erzählung doch eine stille Ätiologie der verkürzten unteren Rippenbögen sein. Sicher ist das aber nicht der entscheidende Grund dafür, daß die Frau nicht auf gleichem Wege wie der erste Mensch geschaffen wurde. Der Grund liegt darin, daß Gott aus dem Ackerboden *den Menschen*, das Gattungswesen »Mensch« schafft. Gott schafft nicht zuerst einen Adam oder einen Mann (1 Tim 2,13; vgl. 1 Kor 11,8), sondern den Menschen. Die Erschaffung der Frau aus dem Menschen bringt zum Ausdruck, daß die geschlechtliche Differenzierung zum Mensch-Sein hinzugehört (s. dazu u. S. 42–44). Eine reine Wiederholung des Schöpfungsvorgangs aus Gen 2,7 und die Verdoppelung »des Menschen« würde diese anthropologische Grundaussage verdunkeln. Nicht die Frau ist aus dem Mann geschaffen, sondern Mann und Frau aus dem Menschen.

Halten wir aus dem Blick in die beiden Schöpfungsberichte fest: Die Geschöpflichkeit des Menschen gehört in beiden Schöpfungsberichten zu den Grundkonstanten des Menschseins. Der Mensch ist herausgehoben aus den übrigen Geschöpfen, wobei er aber in beiden Texten nicht absolutgesetzt wird. Im ersten Schöpfungsbericht ist der Mensch als Sachwalter Gottes zur Herrschaft über die Tiere eingesetzt, mit denen er am selben Tag geschaffen ist und mit denen er im selben Segen steht. Im zweiten Schöpfungsbericht hingegen wird der Abstand zwischen Mensch und Tier dadurch betont, daß die Tiere keine »Hilfe« für den Menschen sind und der Mensch den Tieren Namen gibt. In beiden Schöpfungsberichten gehört die Zweigeschlechtlichkeit des Menschen als Mann und Frau zum Menschsein konstitutiv dazu. Der Mensch ist kein Solitär, sondern ein soziales Wesen, das erst am »Du« zum »Ich« findet (Martin Buber). Zwar ist der Mensch nicht zur Arbeit für die Götter geschaffen, doch erhält er in beiden verantwortungsvolle Aufgaben: die Herrschaft und die Bebauung des Gartens. Beide Schöpfungsberichte bezeugen, daß sich der alttestamentliche Mensch ganz von Gott her weiß. Verfolgt man diese Spur in den übrigen Texten des Alten Testaments, wird das Bild zwar vielfältiger, verändert sich aber nicht wesentlich.

2. Das Geschaffen-Sein als anthropologische Konstante

> *Hat nicht mein Schöpfer auch ihn im Mutterleib geschaffen,*
> *hat nicht der Eine uns im Mutterschoß gebildet?*
>
> Ijob 31,15

Neben dem Töpferbild, über das schon das Wesentliche gesagt worden ist, finden sich noch andere Vorstellungen von der Menschenschöpfung, die zunächst auch an die Vorstellung eines *deus faber*, eines handwerklichen Gottes, anknüpfen. Beliebt ist die Rede vom Weben, dem Durchziehen der Kettfäden mit dem Weberschiffchen. Wieder ist der Vergleichspunkt ein Kunstwerk bzw. eine kunstfertige Tätigkeit, die aus flexiblen Materialien etwas in eine unveränderbare Form bringt. »Mit Haut und Fleisch hast du mich umkleidet, mit Knochen und Sehnen mich durchflochten« (Ijob 10,11). Die Sehnen und Knochen halten das ungeformte Fleisch zusammen wie die Kettfäden das Gewebte. In Spr 8,23 taucht die Metapher für die vor der Schöpfung geschaffene Weisheit absolut auf: »In frühester Zeit wurde ich gebildet, am Anfang, beim Ursprung der Erde«. In Ps 139,13 wird nicht nur der Körper oder ein Körperteil gewoben, sondern die ganze Person oder der ganze Mensch im Mutterleib gebildet.
Das Zeugnis von Ps 139 ist bemerkenswert, weil es Bilder benutzt, die sonst im Alten Testament wenig oder nicht bezeugt sind. Offenbar geht es dem Psalm darum, die Allgegenwart Gottes als verläßlichen Vertrauensgrund zu zeichnen. Das Wirken in den »Tiefen der Erde«, womit der Scheol, die Unterwelt, gemeint sein könnte (vgl. Ps 63,10; Jes 44,23; Ez 26,20; 31,14.16.18; 32,18.24), spielt – wenn überhaupt – nur sehr entfernt auf den im Vorderen Orient nur schwach belegten mythologischen Hintergrund einer »Mutter Erde« (vgl. Ijob 1,21; Sir 40,1) an, betont aber stärker – wie die Parallelität zu dem »Dunkel« auch unterstreicht – die Besonderheit des Zugriffs JHWHs auf diesen unzugänglichen »gottfernen« Bereich und damit das Geheimnisvolle der Entstehung des Menschen. Über die biologischen Details von Zeugung, Befruchtung und Heranwachsen des Embryos wußte man zu Zeiten des Alten Testaments wenig. In Ps 139 wird das textlich schwierige Stück in v. 16 besonders im Kontext von Abtreibungsdebatten häufig durch den Terminus »Embryo« übersetzt, obwohl es dafür wohl im Alten Testament keine eigene Terminologie gibt. Wörtlich heißt es dort: »Mein Formloses sahen deine Augen, und in dein Buch waren schon alle [Tage] geschrieben. Tage waren schon gebildet, als noch keiner von ihnen da war.«

Dem Psalmvers geht es nicht um Details der Entstehung des Menschen, sondern um den Rückgriff auf den zeitlichen Anfang. Von daher ist die Übersetzung »Embryo« für das zusammengewickelte Formlose gar nicht so falsch. Dennoch kann man Ps 139 nicht in der Debatte um die Embryonenforschung als Leitbild einer unverrückbaren biblischen Offenbarung benutzen und den Zeitpunkt des Anfangs des menschlichen Lebens durch v. 15f bestimmen, denn in dieser Debatte zählen weniger Bekenntnisse als Vernunftargumente. Der Zeitpunkt beginnenden Lebens ist auch nicht im Blickfeld des Psalms, dem es darum geht zu betonen, daß es keine Zeit des Menschen gibt, die der Fürsorge Gottes entzogen wäre. Schon zu Beginn des menschlichen Lebens ist Gott gegenwärtig. Man wird in dem Psalm ein Zeugnis dafür sehen dürfen, daß der jüdisch-christliche Schöpfungsglaube aufgrund des Vorsehungshandelns Gottes eine personale Gottesbeziehung des Menschen von Anfang an konstituiert.
Dennoch bleibt es dabei, daß das Wissen um die vorgeburtliche Existenz gering war. Ein Zusammenhang von Eisprung, Monatsblutung und Empfängnisbereitschaft war so gut wie unbekannt, auch wenn in Gen 18,11 im Zusammenhang der Kinderlosigkeit Saras und Abrahams auf die Monatsblutung bzw. die Menopause angespielt wird. Die Rolle der Frau bei der Zeugung und Entstehung des Embryos war weitestgehend unklar und der Zusammenhang von Sperma und Ei nicht bekannt. Zwar kannte man Abgänge und Totgeburten (Ex 21,22f; Num 12,12; Jer 20,17; Ijob 3,11.16; 10,18f; Koh 6,3), so daß die Existenz des Embryos ab einem gewissen Stadium sicher bekannt war, aber der Beginn des Menschenlebens blieb ein Geheimnis (Koh 11,5), wie auch die Mutter der sieben Söhne in 2 Makk 7,22f freimütig bekennt: »Ich weiß nicht, wie ihr in meinem Leib entstanden seid, noch habe ich euch Atem und Leben geschenkt; auch habe ich keinen von euch aus den Grundstoffen zusammengefügt.« Der Mutterleib gilt jedenfalls als Beginn des Lebens. In Ijob 31,15 beispielsweise verteidigt Ijob die Gleichheit aller Menschen ohne Ansehen des Standes und des Berufs und fragt bezogen auf den Knecht: »Hat nicht er, der mich im Mutterleib gemacht hat, auch ihn gemacht, und hat nicht einer im Mutterschoß uns bereitet?« Das Werden des individuellen Menschen im Mutterleib, das nicht ohne Gottes Einwirken gedacht werden konnte, ist damit vielfach besonderer Ausdruck eines Vertrauensverhältnisses zwischen Beter und Schöpfergott »vom Mutterleib an« (Ps 71,6; vgl. 22,11; Jes 44,2.24; Jer 1,5 u.ö.).
Hier schließt das letzte Textbeispiel für die Entstehung des Menschen gut an, das einerseits den ausführlichsten bildhaften Bezug auf die Menschenschöpfung darstellt und zugleich das Nachdenken des Menschen über die »Vergänglichkeit« schon anklingen läßt. Durch den Schöpfungsakt ist nicht nur ein Vertrauensverhältnis zwischen dem Schöpfergott und dem Erschaffenen begründet, sondern auch ein Fürsorgeverhältnis. Der Schöpfergott hat eine besondere Verantwortung für das von ihm Geschaffene. Das wird in der Argumentation Ijobs (Ijob 10,8–10) deutlich, der neben den bereits erwähnten Bildern vom Töpfern und Weben die Käseherstellung für das ge-

heimnisvolle Werden des Menschen im Mutterleib bemüht. Das im biblischen Kontext singuläre Bild von der Menschenentstehung hebt auf einen Gerinnungsvorgang ab. Mehrere Ansatzpunkte scheinen zu der Käseallegorie geführt zu haben: Neben dem milchigen Aussehen des männlichen Spermas, von dem geglaubt wurde, daß es im Mutterleib zu festen Formen gewandelt wurde, war es wohl die weiche Konstitution des Neugeborenen und das beim Platzen der Fruchtblase austretende Fruchtwasser, das wie die Molke vom »Käse-Produkt« nach der »Gerinnungsphase« abgetrennt wird[5]. Zugleich kommt hier wie im Bild vom Weben und vom Töpfern zum Ausdruck, daß das Endprodukt wertvoller als der Ausgangsstoff ist. Es ist etwas Geschaffenes, das an sich wert ist, erhalten zu werden. Das ist bei aller Unterschiedlichkeit der Vorstellungen vom Geschaffen-Sein des Menschen die durchgehaltene Linie. Der Mensch ist in eine unveräußerliche Würde hineingeschaffen[6]. Die Beziehung zu Gott ist durch die individuelle Menschenschöpfung in besonderer Weise intim, unmittelbar und, was ja von sich aus gar nicht selbstverständlich ist, unaufgebbar. Die dem Menschen durch die Schöpfung zukommende Würde ist zwar nicht im strengen juristischen Sinne einklagbar, wohl aber erinnern die niedergedrückten Beter der Psalmen oder Ijob den Schöpfergott daran, die ursprünglich gesetzte Beziehung nicht aufzugeben und den Beter nicht würdelos zu lassen. Mit dem Glauben an die Geschöpflichkeit ist in den alttestamentlichen Aussagen mehr verbunden als die bloße Existenz auf Erden: Verantwortung, Teilhabe an Gottes Schöpfung sowie eine Beziehung zu Gott, die ein personales Verhältnis zum Schöpfer und eine unaufgebbare Würde des Menschen begründet. Aus dieser Geschöpflichkeit leitet sich ein Ethos der prinzipiellen Gleichheit der Menschen ab, da allen gleichermaßen dieselbe Würde zukommt. In der Anerkenntnis des Schöpfers liegt zugleich die Achtung vor dem Geschöpf begründet. Dieses Ethos läßt sich in zwei Linien verfolgen: Zum einen als mit der Geschöpflichkeit begründete Geschwisterlichkeit. Ijob begründet etwa in Ijob 31,13–15 die Anerkenntnis der Person des sozial Niedrigeren mit der gleichen geschöpflichen Würde (vgl. Ijob 33,6; Mal 2,10). Eine zweite Linie setzt bei der Relation von Schöpfer und Geschöpf an und leitet aus der gleichen Verwiesenheit auf den Schöpfer ein Ethos der Geschwisterlichkeit ab: »Wer den Niedrigen unterdrückt, schmäht dessen Schöpfer, ihn ehrt, wer sich des Armen erbarmt« (Spr 14,31; vgl. 17,5; 22,2; 29,13; Ijob 34,19). Aus der Geschöpflichkeit wird die Forderung abgeleitet, jedem Menschen mit Respekt und Anerkennung zu begegnen. Die Grundlagen für die Menschenrechte, nämlich die Anerkenntnis der prinzipiellen Gleichheit aller Menschen, ist in der alttestamentlichen Anthropologie bereits grundgelegt. Daß sich aus dem Geschaffen-Sein auch Ansätze für eine Tierethik ableiten lassen (so z.B. Ijob 35,9–11; vgl. Ps 8; Gen 1,2–31), ist zwar aufgrund des zuvor Gesagten zu erwarten, kann aber hier nicht näher ausgeführt werden[7].

B. Mitten im Leben vom Tod umfangen
Der vergängliche Mensch

Ganz überwiegend wird im Alten Testament der Tod als absolute Grenze erfahren. Der Mensch orientiert sich somit nicht auf ein Jenseits hin, sondern lebt ganz im Diesseits. Eine Vertröstung auf eine Endzeit, in der sich die Gerechtigkeit im Gericht durchsetzt und der Mensch für ein »ewiges Leben« im »Himmel« oder »Paradies« wiederhergestellt wird, ist dem alttestamentlichen Menschen über weite Strecken fremd. Seine Hoffnung richtet sich primär auf das Hier-und-Jetzt seiner Existenz. Gott und Mensch können über dieses Diesseits in der Frühzeit des Alten Testaments nicht hinausgreifen. Kaum eine Metapher macht das deutlicher als die Rede vom »Gast auf Erden« (Ps 119,19; 39,13). Wenn das »Gastspiel« zu Ende geht, ist der Faden zwischen Gott und Beter abgerissen. Welche Last damit auf dem Gottesverhältnis liegt, ist für uns unsterblich »Jenseitige« kaum noch nachvollziehbar. Minderungen des diesseitigen Lebens, sei es durch Krankheit, Leid oder Unglück, werden als vollzogenes Gericht erfahren. Für den alttestamentlichen Menschen gibt es keine Trennung von diesseitiger Existenz und Gericht. Gottes Gerechtigkeit *muß* sich im Laufe seines Lebens durchsetzen – sonst ist es zu spät (vgl. Ijob 7; Ps 30,10 u.ö.). Entsprechend kann man an den konkreten Bedingungen des menschlichen Lebens ablesen, in welchem Maß Gott dem Menschen heilend oder richtend zugewandt war. Krankheit und Leid werden so zu quasi moralischen Größen, zum Spiegel menschlichen Fehlverhaltens und göttlicher Strafe. Dem menschlichen Leben kommt damit *entscheidende* und *entschiedene* Bedeutung zu. Und dennoch bleibt der Stachel des Todes als absolute Grenze jedem Menschen gewiß. Der Tod ent-scheidet das Leben.

1. Der Stachel des Todes

Ja, ich weiß, du führst mich zum Tod,
zur Sammelstätte aller Lebenden.
Ijob 30,23

Der Tod ist der »König der Schrecken« (Ijob 18,14). Nichts bestimmt daher das Sein des Menschen so sehr wie seine Vergänglichkeit. Die Diesseitsorientierung ist ein wesentlicher Hintergrund für das Verständnis des Zusammenhangs von Tun und Ergehen. Dieser Zusammenhang, der das Denken des alttestamentlichen Menschen vielfältig bestimmt, bemüht sich um das Festhalten an einer umfassenden Ordnung der Gerechtigkeit. Das Tun des Menschen, sein soziales, religiöses oder wirtschaftliches Handeln bestimmt sein Ergehen im Hier-und-Jetzt, immer, aber nicht immer unmittelbar. »Wer eine Grube gräbt, fällt selbst hinein, wer einen Stein hoch wälzt, auf den rollt er zurück« (Spr 26,27). Natürlich wußten auch die alttestamentlichen Menschen, daß der Zusammenhang zwischen Tun und Ergehen nicht direkt war, daß also auf eine schlechte Tat nicht das schlechte Ergehen unmittelbar folgte, sondern es herrschte die Überzeugung, daß es eine Sphäre gibt, in der sich das Handeln des Einzelnen auf sein Schicksal auswirkt. Ijob ringt mit seinem Gott, weil er die Balance zwischen Tun und Ergehen aus den Fugen geraten sieht. Ihm ergeht es schlecht trotz seines umfassend guten Handelns (vgl. z.B. Ijob 31). Daher klagt Ijob Gott an, das mit der Schöpfung begründete Verhältnis plötzlich und unbegründet aufzukündigen. Immer wieder argumentiert er dabei mit der Vergänglichkeit des Menschen, die das Diesseits zu dem einzig entscheidenden »Handlungsspielraum« macht. Eindrücklich beschreibt er in Ijob 14 die Voraussetzungen für das Erlösungshandeln Gottes am Menschen. Der Mensch »legt sich hin und steht nie mehr auf«. Es gibt keine Perspektive über das Leben auf der Erde hinaus, und der Tote ist dem Zugriff JHWHs ganz und gar entzogen. Wenn Gott handeln will, dann muß er es im irdischen Leben tun. Das klingt befremdend, doch muß man sich vergegenwärtigen, daß der Gott Israels, JHWH, erst langsam Macht über den Tod und die Totenwelt erlangt. In Ijob spricht sich nun einerseits noch eine klare Begrenzung seines Verfügungsbereiches aus, andererseits ist es aber kein anderer als JHWH, der für das Lebensende verantwortlich ist. Ijob beginnt seine Argumentation mit einer sehr treffenden generellen Aussage zum Mensch-Sein, die in der poetischen Kraft ihresgleichen sucht. »Knapp an Tagen«, spielt dabei auf die subjektive wie objektive Einschätzung der Vergänglichkeit an. Des Menschen begrenzte Zeit ist relativ gesehen nur eine kurze Zeit und wird meist als in der Begrenzung zu kurz erfahren. »Unruhevoll« beschreibt die Suche des Menschen nach gelungenem Leben angesichts der Vergänglichkeit. Der Mensch fühlt sich getrieben, ständig auf der Suche nach Sinn und Erfüllung, die er in der Begrenzung nicht zu erlangen scheint. Die beiden folgenden Vergänglichkeitsmetaphern gehören zu den wichtigsten im Alten Testament. Mehrfach finden sich Gras und Blumen als Bilder des raschen und sicheren Todes (vgl. etwa Ps 103,15f; 102,5.12; Jes 40,7f). Es ist das Erleben der semiariden Wüstenlandschaft, das zu diesen Bildern greifen läßt. Nach dem Regen sprießt im Frühjahr das Grün, erscheint frisch und voller Leben, doch schon bald ist es von der Sommerhitze verdorrt. »Von Jahr zu Jahr säst du die Menschen aus; sie gleichen dem sprossenden Gras. Am Morgen grünt es und blüht, am Abend wird es geschnitten und welkt« (Ps 90,5f; vgl. Jes 51,12). Die häufigste Vergänglichkeitsmetapher ist nicht etwa der Schatten, der in Ijob 14 auf die Blume folgt und die Flüchtigkeit des Lebens unterstreicht (vgl. Ijob 8,9; 17,7; Ps 39,7; 102,12; 109,23 u.ö.), sondern der Staub (Gen 3,19; Ijob 10,9; 7,21; 34,15; Ps 30,10; 90,3; 103,14; 104,29; Koh 3,20; 12,7 u.ö.). Das *Zurückkehren* zum feinkörnigen Staub metaphorisiert die Flüchtigkeit des Lebens im Tod und steht als Bild zugleich für den Vorgang des Sterbens (vgl. Ijob 7,21; 17,16; 20,11; 21,26). In Ps 30,10 steht der Staub für die vergangene Existenz des Toten, Ps 22,16 spricht metaphorisch vom »Staub des Todes«, in Jes 26,19 heißen die Toten wörtlich »Bewohner des Staubes« und in Dan 12,2 wird der Scheol, das Totenreich, »Land des Staubes« genannt. Mit der Staubmetapher wird die Niedrigkeit des Menschen im Tod ebenso wie die Unumkehrbarkeit des Todes zum Ausdruck gebracht. Nichts Körperliches vom Menschen überdauert den Tod. »Stirbt der Mensch, so wird ihm Moder zuteil, Maden, Geschmeiß und Gewürm« (Sir 10,11; vgl. Jes 14,11). Trotz dieser Drastik ist es mit der Endgültigkeit des Todes im Alten Testament nicht so einfach, da der Tod nie *nur* als biologisches Ende, sondern auch als soziale Wirklichkeit wahrgenommen worden ist. Zumindest ein wenig muß zum Grab, zum Totengeist und zur Unterwelt gesagt werden.

2. Der unersättliche Rachen der Unterwelt

Ich habe keine Hoffnung.
Die Unterwelt wird mein Haus,
in der Finsternis breite ich mein Lager aus.
Zur Grube rufe ich: Mein Vater bist du!,
Meine Mutter, meine Schwester!, zum Wurm.
Ijob 17,14

Nachdem ein Mensch gestorben war, beklagte und betrauerte man seinen Tod (Gen 27,41; 37,34; Jer 49,3; Am 5,16; Mi 1,16; 1Makk 13,26; Weish 19,3; Sir 38,16 u.ö.) und überführte den bekleideten Leichnam in ein vorher bereitetes Grab (Gen 50,7; Koh 12,5), entweder ein einfaches Schachtgrab in der Erde oder eine aus dem weichen Kalkstein herausgehauene Kammer. Häufig waren diese Kammern mit Bänken ausgestattet, auf die die Toten gelegt wurden. Nach dem Verwesungsprozeß wurden die Knochen z.T. mit anderen Skeletten in Knochengruben, sog. Repositorien, verbracht. Erst relativ spät in herodianischer Zeit kommt der Brauch auf, die Skelettreste in Knochenkästen, sog. Ossuarien, sekundär zu bestatten. Mit der Grablege wurden den Toten abhängig vom sozialen Status Grabbeigaben, vor allem Schmuck, Figurinen, (Siegel-)Amulette und standardmäßig 5–6 verschiedene Tongefäße zugeeignet. Diese Gaben waren nicht für eine Existenz im Jenseits oder in der Unterwelt gedacht, sondern für die Zwischenexistenz bis zur vollständigen Verwesung, in der die Toten als besonders schutzlos erachtet wurden. Das Grab selbst galt als Tor zur Unterwelt für die Toten. Beide werden als Grube, Abgrund, Tiefe oder Todesschacht beschrieben. Manchmal werden Grab und Unterwelt geradezu parallel gesetzt, wie in der Todesfuge Ps 49: »Der Tod führt sie auf seine Weide wie Schafe, sie stürzen hinab zur Unterwelt. Geradewegs sinken sie hinab in das Grab; ihre Gestalt zerfällt, die Unterwelt wird ihre Wohnstatt« (Ps 49,15; vgl. Ps 16,10; Spr

1,12; Jes 38,18; Ez 31,14.16; 32,18.24; Sir 51,2). So verwundert es nicht, wenn das Grab als »Haus auf ewig« (Ps 49,12) als Aufenthaltsort der Toten genannt wird.

Der eigentliche Aufenthaltsort der Toten jedoch ist die Unterwelt, die der Scheol genannt wird (z.B. Ijob 17,13f). Die Unterwelt ist nicht präzise geographisch zu lokalisieren, sondern nur vage auf einer gedachten vertikalen Achse unterhalb der Erdoberfläche und oberhalb des Urozeans zu verorten. Dort hindurch zieht die Sonne auf ihrem Weg zum Ort des Sonnenaufgangs. Nimmt man eher eine horizontale Gliederung als Maßstab, dann liegt die Unterwelt an der äußersten Peripherie, weit weg vom kosmischen Zentrum, da, wo das bedrohliche Chaos immer stärker Raum greift. Die geographische Verortung ist aber – wie bei unserer »Hölle« – nicht entscheidend. Die Unterwelt ist ein Bereich der Gottferne, ein Ort, »so finster wie die Nacht, wo Todesschatten herrscht und keine Ordnung, und wenn es leuchtet, ist es wie tiefe Nacht« (Ijob 10,22). Dort hat der Gott JHWH keinen unmittelbaren Zugriff, die Unterwelt ist seiner Macht (zunächst) entzogen (Ps 88,4–13; Ijob 10,21). Es ist eine Welt der Leblosen, die in gottferner Beziehungslosigkeit in einer Gegenwelt verharren. Die Unterwelt ist voller Angst und Schrecken (Ps 116,3; Hos 13,14), sie ist eine Welt des Schweigens (Ps 94,17; 115,17) und Vergessens (Ps 88,13), in der man Gott nicht mehr lobt (Jes 38,18; Ps 6,6; 88,11–13; 115,17; Bar 2,17 u.ö.). Der Weg zur Unterwelt ist immer Einbahnstraße, es gibt kein Zurück (Ijob 7,9; Ps 18,6), es ist – wie es in altorientalischen Texten heißt – ein »Land ohne Wiederkehr«.

In dem Scheol findet Leben nicht mehr oder nur noch reduziert statt, die dort »lebenden« Gestalten oder »Existenzen« sind geisterhaft und ohne soziales Gefüge (vgl. Ijob 17,13f). Es sind die schlaffen und kraftlosen Totengeister (*refa'îm*), die in einem schwer zu beschreibenden Zwischenzustand existieren. Sie haben keine Vitalität und Lebenskraft mehr, weil die *næfæš* in Umkehrung des Schöpfungsvorgangs (s. dazu u. S. 29f) den Leib verlassen hat. Sie haben keinen mit Atem beseelten Leib mehr und sind doch nicht einfach körperlos. Die Vorstellung allerdings von Totengerippen oder Skeletten führt in die Irre. »Schatten« ist eine Metapher, die für die schlafähnliche Existenz (Ijob 3,13–18; 14,12) zutreffender ist als »Totengeist«. Die *refa'îm* können durchaus noch Ortsbewegungen vornehmen, erscheinen oder befragt werden (1 Sam 28). Die scharfe Ablehnung der Totenbefragung und ritueller Totenmähler im Alten Testament (Dtn 18,10f; 26,14; Lev 19,31; 20.6.27; Jes 8,19; 65,4 u.ö.) zeigt, daß diese Praxis einer Beziehung zu den verstorbenen Ahnen eine viel größere Rolle gespielt hat, als es uns über den singulären Text 1 Sam 28 scheint.

Bei allen Aspekten der Unterwelt, die hier nicht erschöpfend ausgeleuchtet werden können, ist die Beziehungslosigkeit vielleicht der wichtigste. Wer tot ist, ist aus der Welt, er gerät ins Vergessen und verliert damit die Bindungen, die er zu Lebzeiten gehabt hat. Mit der sozialen Dimension gehört der Tod viel stärker zum Leben als in unserer Vorstellung. In Beziehungsverlust und sozialer Isolation greift der Tod im Leben Raum. Wenn die bedrängten Beter der Psalmen davon reden, mitten im Leben vom Tod umfangen zu sein, dann ist das nicht nur bildlich gemeint. Die Wirklichkeit des Todes hat auch im Leben ihren Platz. Sie rückt den Kranken oder Notleidenden in die Nähe des Scheol, der unersättlich ist (Jes 5,14; Hab 2,5; Spr 27,20; 30,16 u.ö.).

3. Die Nähe des Todes in Krankheit und Leid

Er wurde verachtet und von den Menschen gemieden,
ein Mann voller Schmerzen, mit Krankheit vertraut.
Jes 53,3

Der Zusammenhang von Lebensminderung und Tod ist für die Anthropologie des Alten Testaments von entscheidender Bedeutung. Krankheit und Leid bedeuten Entfremdung, sowohl von sich selbst als auch von dem sozialen Umfeld und schließlich von Gott. Da der Tod als vollkommene Beziehungsferne verstanden wurde, liegt die Nähe von Krankheit und Tod auf der Hand. Über die Ursachen von Krankheiten wußte man letztlich nicht viel und die Behandlungsmöglichkeiten waren begrenzt. Das Verständnis von Krankheit war entsprechend nicht punktuell, sondern bezog die psychosomatische Ganzheit des Menschen ein. Oft endeten auch heute harmlose Infektionskrankheiten mit dem Tod. Die Gefahr der Ansteckung wurde erfahren, allerdings ohne Durchdringung der Zusammenhänge. Distanzierung und Separierung waren die Folge, insbesondere bei Krankheiten, die am Körper sichtbar waren. Der Kranke wurde gemieden, meist sogar von seinem unmittelbaren sozialen Umfeld. Die Klagepsalmen lassen immer wieder erkennen, daß die Abwendung der sog. In-Group den Kranken besonders zu schaffen machte. »Freunde und Gefährten bleiben mir fern in meinem Unglück, und meine Nächsten meiden mich« (Ps 38,12; vgl. 88,9.19; Ijob 16,7.20 u.ö.). Mit der Entfremdung wird Krankheit zur räumlichen Kategorie. Die Deutung, Gott habe sich entzogen oder sich dem Kranken verborgen, macht das offenbar (Ps 13,2; 22,2.12; 88,15; Ijob 13,24). In der Folge wird Krankheit als Strafe begriffen (vgl. Ps 6,2f; 38,2–9). Schon fast zynisch bringt 2 Makk 7,32 das auf den Punkt: »Wir leiden nur, weil wir gesündigt haben.« Auf die fehlende Balance zwischen Schicksal und Verhalten des Menschen reagiert das Alte Testament mit tiefer Klage und auch Anklage Gottes. Als Beispiel können die Todesbilder des Kranken aus Ps 88 dienen. Die »dunkle Nacht«, in die sich der Beter hinabgeführt fühlt und die er mit dem »tiefsten Grab« gleichsetzt. Das Leiden des Beters bringt ihn in Todesnähe, sein Leid ist quasi Tod, er lebt zum Tode hin. Mehr und mehr fühlt er sich abgeschnitten von Gott, seine personale Beziehung löst sich zur Gottferne hin auf. Da Gott und Tod bis in exilische Zeit nahezu vollständig getrennt sind, verliert JHWH mit dem Übergang in den Scheol den Zugriff auf den Menschen. Die soziale Isolation, die Ps 88,19 beklagt, ist die andere Seite dieser Medaille. In der Entfremdung sieht der Beter sein Leben in der Nähe des Totenreichs, das nur bei der Unterweltsfahrt der Sonne noch sporadisch erleuchtet wird. Viele Klagelieder des Einzelnen enden nach der Notklage in dem Dank, daß Gott sie aus dieser Beziehungslosigkeit herausgeführt hat und wieder zum Leben im Kontext ohne Verleumdung, Ächtung und Isolation geführt hat. »Denn du hast mein Leben dem Tod entrissen, meine Füße bewahrt vor dem Fall. So gehe ich vor Gott meinen Weg im Licht der Lebenden« (Ps 56,14). Mit der Lichtmetapher am Schluß greift der Beter auf die Todesmetaphorik zurück und verbindet sie zugleich mit der »Sonne der Gerechtigkeit«, die ihm Recht verschafft hat.

Die Vergänglichkeit, das ist zusammenfassend festzuhalten, ist für das Verständnis des Menschen von großer Bedeutung. Die zeitliche Begrenzung des menschlichen Lebens läßt ihn positiv mit großer Intensität im Diesseits nach der Fülle des Lebens suchen. Durch die Überzeugung, daß das Ende des Lebens von Gottes Verfügung abhängig ist, wird das Ende mit dem Anfang zusammengebunden. Neben dem Bewußtsein der Geschöpflichkeit und der damit verbundenen personalen Beziehung zu dem Schöpfergott bestimmen die Vergänglichkeit und der drohende Verlust der Beziehung das Mensch-Sein wie ein Rahmen. Die Hoffnung auf eine Restitution in Gerechtigkeit bestimmt die Diesseitshoffnung, die durch die Gewißheit der end-gültigen Vergänglichkeit noch dringlicher wird.

Dialektik Kierkegaard -> im Leid erst Humor
Vergänglichkeit
suchen nach Fülle des Lebens

C. Mensch-Sein im Alten Testament

Das Alte Testament entfaltet das Mensch-Sein in all seinen Dimensionen. Das Paradox, daß er zu höchsten Höhen fähig ist und doch zugleich verletzlich und angreifbar ist, ist dem Alten Testament nicht fremd. Es kennt den Menschen in seiner Hoheit und Pracht, aber auch in seinem Leid und seiner Niedrigkeit. Wenn es eine Essenz alttestamentlicher Anthropologie gibt, dann wohl die, daß diese existentielle Spannung das Mensch-Sein ganz und gar ausmacht. Diese Einsicht ergibt sich allerdings nicht über einzelne Texte, sondern gerade über das kanonische Zusammenspiel der unterschiedlichsten Traditionen der Bibel. Eine Anthropologie des Alten Testaments ist demnach nicht in Einzeltexten entfaltet, sondern erwächst komplementär aus der Vielfalt der einzelnen Aussagen. Der komplementäre Zugang, der damit für eine Darstellung gezwungenermaßen nahe liegt, entspricht zugleich der Auffassung vom Mensch-Sein elementar. Der Mensch wird als ganzheitliches Wesen aufgefaßt. Er ist nicht glatt, eindeutig oder linear, aber er ist ein Wesen, in dem die Spannung unterschiedlicher Momente nicht zum Auseinanderbrechen führt, sondern gerade seine Dynamik bestimmt. Am deutlichsten läßt sich dies an dem Verhältnis zwischen Körper und Geist aufzeigen. Der Mensch im Alten Testament hat nicht einen Körper, sondern er ist Körper. Dieser Körper steht aber nicht in dichotomer Spannung zum Geist, sondern beide fügen sich komplementär zum Mensch-Sein hinzu. Bevor die Dimensionen der Körperlichkeit des Menschen entfaltet werden, ist kurz auf die drei wichtigsten Begriffe zu schauen, mit denen der alttestamentliche Mensch bezeichnet wird.
In den beiden Schöpfungsberichten findet sich zunächst ausschließlich der Begriff *ʾādām*. Es ist die allgemeinste Bezeichnung des Menschen. Sie bezeichnet entweder einen einzelnen Menschen oder kollektiv »Menschen« oder sogar die ganze Gattung »Mensch« insgesamt. *ʾādām* wird im gesamten Alten Testament nur absolut gebraucht, taucht also nicht in Wortverbindungen auf und bildet auch grammatisch keinen Plural. Die sprachgeschichtliche Herkunft des Wortes ist nicht ganz klar. Vielleicht leitet es sich von *ʾādōm* »rot« ab, aber das ist nicht sicher. Sicher hingegen ist, daß der zweite Schöpfungsbericht mit dem sprachlichen Gleichklang zu *ʾᵃdāmāh* »Erde, Ackerboden« spielt. Der Mensch wird hier als »Erdling« eingeführt, der den Ackerboden bebauen soll (Gen 2,5; vgl. 3,23). Gott nimmt wie ein Töpfer »Staub« vom Ackerboden und formt daraus den Menschen, den er durch seinen Atem belebt (Gen 2,7). Zwar ist insbesondere durch den Begriff »Staub« auf die Vergänglichkeit angespielt, aber auch der Begriff *ʾᵃdāmāh* »Erde« konnotiert die Endlichkeit und Sterblichkeit des Menschen (s. bereits o. S. 16). Zugleich ist *ʾādām* der Eigenname »Adam« des *ersten Mannes*, nicht – und dieses Mißverständnis findet sich leider oft – des ersten Menschen. Da Gen 2f gerade mit dem Genommen-Sein vom Erdboden und

der Vergänglichkeit des »Erdlings« spielt, ist *'ādām* dort Bezeichnung des Gattungswesens »Mensch«. Im Hebräischen ist das sehr deutlich, weil das Wort (außer in 2,5.20) durchgehend mit Artikel versehen ist und im Hebräischen Eigennamen keinen Artikel tragen können. Von Adam ist erst nach der geschlechtlichen Differenzierung in Adam und Eva die Rede, und selbst da spricht der hebräische Text zunächst von dem »Menschen und seiner Frau«. Da das aber sachlich Probleme bereitet (ist etwa die Frau nicht Mensch?) und im Deutschen das Sprachspiel zwischen Erde, »Erdling« und Adam nicht funktioniert, setzt die Einheitsübersetzung ab Gen 2,25 den Eigennamen ein. Im hebräischen Text taucht dieser frühestens Gen 4,25, sicher hingegen Gen 5,1 erstmalig auf. »Eva« hingegen erhält ihren Namen vom Menschen schon in Gen 3,20. Der Wechsel im zweiten Schöpfungsbericht von der Gattungsperspektive (»der Mensch«) zur Stammelternperspektive (»Adam und Eva«) ist also auch vom hebräischen Text nicht klar zu benennen, sondern wächst mit der Individualisierung der ersterschaffenen Menschen.
Neben den in den Schöpfungserzählungen eingeführten Begriff *'ādām* tritt vor allem in weisheitlichen und prophetischen Texten (Ps, Ijob, Jes) der Terminus *'ᵉnôš*. Der in poetischer Sprache verwandte Begriff bezeichnet den Menschen häufig in seiner Niedrigkeit, Verletzbarkeit und Vergänglichkeit. Deshalb ist treffend die Übersetzung »Menschlein« vorgeschlagen worden: »Was ist das Menschlein, daß du seiner gedenkst, das Menschenkind, daß du dich seiner annimmst« (Ps 8,5). Doch an vielen Stellen steht der Begriff auch nur als gleichwertiger Ersatz zu dem Haupttterminus *'ādām*.
Der verbleibende letzte Ausdruck ist *'îš*, der zunächst einen Einzelmenschen männlichen Geschlechts bezeichnet, aber daneben auch als Pronomen für »jeder, jemand und je einen« verwandt wird. Seltener findet sich dieser Terminus aber auch für den Menschen. *'îšāh* »Frau« hingegen, d.i. die weibliche Form von *'îš*, wird nie für den Menschen allgemein gebraucht. Hier zeigt sich noch einmal die schon bei Adam beobachtete Tendenz der Sprache, die im Hintergrund stehende patriarchale Gesellschaftsordnung androzentrisch abzubilden.

1. Körperwelten – mit Haut und Haar Fleisch und Bein sein

An Haut und Fleisch klebt mein Gebein,
nur das Fleisch an meinen Zähnen blieb.
Ijob 19,20

Der Mensch im Alten Testament *hat* keinen Körper, er *ist* Körper. Dieser Satz bringt auf den Punkt, was die alttestamentliche Anthropologie auszeichnet. Der Leib-Seele-Dualismus ist ihr nahezu durchgehend fremd. Erst in sehr späten, hellenistisch beeinflußten Texten tritt diese das abendländische Denken bestimmende Zweiteilung (Dichotomie) stärker zutage (z.B.

Weish 8,19f). Natürlich hängt das Fehlen einer vom Körper getrennten »Seele« auch mit der rein diesseitigen Konzeption des Menschen zusammen. Das Dasein ist bestimmt durch die absolute Vergänglichkeit im Hier-und-Jetzt. Mit dem Aufkommen des Glaubens an die Weiterexistenz nach dem Tod (s. 58f) stellt sich die Frage nach dem Teil des Menschen, der das Irdische überdauert. Daß sich dann ein dualistisches Konzept von (vergänglichem) Leib und (unsterblicher) Seele besser eignet, ist unmittelbar einsichtig. Doch ist das nicht der einzige Grund für die komplementäre, ganzheitliche Auffassung vom Menschen. Wenn auch eine randscharfe Trennung von »Denkstilen« nicht gelingt, so scheint es doch Unterschiede zwischen »hebräischem« und »griechischem« Denken zu geben, die auch in der Auffassung vom Menschen zum Tragen kommen. Das griechische Denken ist deutlicher von einer Subjekt-Objekt-Spaltung und einer analytischen Trennung unterschiedlicher Aspekte durchzogen. Das hebräische Denken hingegen scheint eher in der Lage, Aspekte bis hin zur Gegensätzlichkeit in eins zusammenzudenken, einen mehrdimensionalen, auf Komplementarität ausgerichteten Zugang zu den Dingen zu finden. Häufig ist die Denkweise als »aspektiv« (d.h., einzelne Aspekte ohne einheitliche Perspektive zusammenzusehen), »synthetisch« (zusammenfügend) oder »stereometrisch« (räumlich, im »parallelismus membrorum«[8]) beschrieben worden. Versucht man es plastisch darzustellen, könnte man sagen, daß eine Wendung »etwas auf den Punkt bringen« für das hebräische Denken und seine Sprache unzutreffend bleibt. Sprachliche Präzision gestochen scharfer Definitionen ohne Überhang (Redundanz) oder Wiederholung (Repetition) gibt es nicht. Zutreffender als die Metapher »Punkt« ist die des Raumes. Mehrdimensionalität zeichnet die Sprache der Bibel aus. Sie ist gekennzeichnet durch die Überlagerung unterschiedlicher Aspekte und durch das Nebeneinander von begrifflich Verschiedenem. Die fehlende Präzision ist allerdings kein Mangel der sprachlichen Fähigkeiten, sondern es ist ein Wille zur Unschärfe. Der Vielgestaltigkeit und Komplexität der Welt wird so Rechnung getragen. Die skizzierte »Denkform« hat natürlich Auswirkungen auch auf das Verständnis des Menschen.
Im Alten Testament wird der Mensch als psychosomatische Einheit aus Körper und Geist begriffen. Vegetatives (auf den Leib Bezogenes) und Noetisches (auf den Geist Bezogenes) sind dabei nicht voneinander und nicht vom Emotionalen getrennt gedacht, sondern ineinander verschränkt und gegenseitig voneinander abhängig. Wollen und Sein fallen nicht als gegensätzlich auseinander, Funktion und Bedeutung stehen immer zusammen. Somit ist eine Leibfeindlichkeit der alttestamentlichen Anthropologie fremd.
Natürlich hat eine solche Auffassung Konsequenzen für die Wertung der Körperlichkeit des Menschen. Es ist Kennzeichen der hebräischen Anthropologie, daß Funktionen und Emotionen mit Körperteilen zusammengesehen werden und somit die Sprache mehrdimensional wird. Die Organe sind »Seismographen des Gefühls«[9], was sich zum Teil schon an den sprachli-

chen Bedeutungen ablesen läßt: *'ap* steht für Nase *und* Zorn, *ræḥæm* für Mutterschoß *und* Erbarmen. Die meisten Körperbegriffe sind zwar nicht in solchem Maße mehrdeutig, aber immer mehrdimensional, von einer »semantischen Weiträumigkeit«[10] geprägt.
Das läßt sich am besten an den Hauptbegriffen Kehle, Herz und Geist beschreiben. Da aber eine Konzentration nur auf die drei Hauptbegriffe eine Verkürzung wäre, die gerade das mehrdimensional komplementäre auch der Körperbegriffe der alttestamentlichen Anthropologie stark verkürzen würde, sollen flankierend noch andere Begriffe eine Rolle spielen.

1.1 Von der Kehle zur »Seele«

Der Mensch braucht permanent Luft zum Atmen. Der Atemstrom steht deshalb nachvollziehbar als Synonym für das Leben (vgl. Ijob 27,3; Sir 33,21; 1 Kön 17,17 u.ö.). Der Mensch wird erst zur *næfæš ḥayyāh*, zum »lebendigen Wesen«, durch die Einhauchung des Atems (Gen 2,7). In Ps 104,29 heißt es treffend: »Nimmst du ihnen den Atem, so schwinden sie hin.« Noch stärker allerdings fungiert als Synonym für »Leben« im Sprachgebrauch des Alten Testamentes die *næfæš*, was wörtlich »Kehle« heißt. Die Kehle ist das Organ, durch das die Luft in die Lungen strömt, so daß an der *næfæš* das Leben hängt. Die Kehle – und mit dem Begriff *næfæš* kann anatomisch sowohl die Luft- als auch die Speiseröhre, die Kehle, aber auch der ganze Hals bezeichnet werden – ist zugleich der Sitz aller elementaren Lebensbedürfnisse. Insbesondere ein intensives Verlangen bis hin zur Gier wird mit dem Begriff verbunden (vgl. Spr 6,30; Ps 23,3). Die *næfæš* ist zugleich Sitz der Lebenskraft und der Begriff steht für die Vitalität des Menschen (vgl. z.B. Spr 11,30). In Lev 17,11 heißt es: »Die Lebenskraft des Fleisches sitzt nämlich im Blut. Dieses Blut habe ich euch gegeben, damit ihr auf dem Altar für euer Leben die Sühne vollzieht; denn das Blut ist es, das für ein Leben sühnt«. Sowohl für »Leben« als auch für die Lebenskraft steht hier *næfæš*. Auch an anderen Stellen steht *næfæš* als Synonym für »Leben« (z.B. Jos 23,11; 1 Sam 19,5). Wenn in Parallelismen, in denen *næfæš* steht, ein weiterer synonymer Begriff für Leben hinzutritt, übersetzt die Einheitsübersetzung *næfæš* häufig mit »Seele«. »Denn meine Seele ist gesättigt mit Leid, mein Leben ist dem Totenreich nahe« (Ps 88,4). Auch darüber hinaus wird der Begriff häufig mit »Seele« wiedergegeben (vgl. z.B. Klgl 3,24; Ps 33,20). Hier darf man sich allerdings nicht von unserer volkstümlichen Seelenvorstellung in die Irre führen lassen. *næfæš* steht für das Leben, die Lebenskraft und Vitalität des Einzelnen und kann auch für die ganze Person stehen, doch bedeutet das nicht eine vom Körper oder der Körperlichkeit gelöste geistige Existenz einer Seele. Eine solche Seelenvorstellung ist der alttestamentlichen Anthropologie fremd, was aber nicht heißt, daß der Mensch in der Körperlichkeit aufgeht. Die Vitalität und Lebenskraft, die »Seele« geht über das rein Körperliche hinaus. »In seiner Hand ruht die Seele allen Lebens und jeden Menschenleibes Geist«, heißt es in Ijob 12,10, wo deutlich wird, daß in Gottes Fürsorge eine ganzheitliche Dimension des Mensch-Seins angesprochen ist. *næfæš* bezeichnet quasi das personale Prinzip des Menschseins, sowohl im Sinne des gründenden Anfangs als auch des dauerhaften Bestimmt-seins. Letzteres wird insbesondere in den Stellen deutlich, wo eine Existenz über den Tod hinaus ausgesprochen oder angedeutet ist. Etwa in Ps 49,16, wo allerdings die Einheitsübersetzung für *næfæš* das Personalpronomen setzt: »Doch Gott wird mich loskaufen aus dem Reich des Todes, ja, er nimmt mich auf.« Hier wie auch in Ijob 33,27f, wo die Lichtmetapher vom »Schauen Gottes« mit der Errettung der »Seele« vor dem Abstieg in die Finsternis verbunden wird, ist damit allerdings keine getrennte Seelenvorstellung verbunden. Die unsterbliche Seele in Differenz zum vergänglichen Leib, also die spätere durch das griechische Denken beeinflußte trennende Dichotomie zwischen Leib und Seele, taucht erst vom Hellenismus beeinflußt in der Weisheitsliteratur im 1. Jh. v. Chr. auf (vgl. z.B. Weish 3,1.13; 4,14; 8,19–21). Der Mensch als untrennbare psychosomatische Einheit hingegen bestimmt die alttestamentliche Anthropologie nahezu durchgehend. Das zeigt sich auch in dem zweiten Zentralbegriff »Geist«.

1.2 Fleisch und Geist

Als Gott den Menschen aus dem Ackerboden formt, bläst er ihm den »Atem des Lebens« in die Nase. Oben war herausgestellt worden, daß im Schöpfungsakt der anfängliche, entscheidende und belebende Impuls von Gott kommt. Das Wort »Geist« taucht in den Schöpfungsberichten nur im ersten auf, wo Gottes Geist als über den Wassern schwebend bezeichnet wird (Gen 1,2). Erstmalig ist vom Geist Gottes *im Menschen* in Gen 6 die Rede, wo Gott das Maximalalter des Menschen auf hundertzwanzig Jahre begrenzt: »Da sprach der Herr: Mein Geist soll nicht für immer im Menschen bleiben, weil er auch Fleisch ist; daher soll seine Lebenszeit hundertzwanzig Jahre betragen« (Gen 6,3; vgl. 7,15.22). Hier scheinen Fleisch und Geist doch oppositionelle Grundbegriffe zu sein und der Dualismus einer dichotomischen (Leib – Seele) Konzeption mit Händen greifbar.
Doch die Dinge liegen komplizierter. Fleisch steht auf jeden Fall für Leiblichkeit, Körperlichkeit und Vergänglichkeit, doch Geist steht nicht für Unsterblichkeit, Vernunft oder Denken, auch wenn Ijob 32,8 das so vorzugeben scheint. Viel eher wird in Gen 6,3 die in Gen 2,7 gelegte Spur wieder aufgenommen, daß das belebende Prinzip im Menschen auf Gott als den Herrn über Leben und Tod zurückgeführt wird. Geist ist hier mit dem Lebensatem gleichgesetzt. Treffend ist der Zusammenhang in dem Parallelismus in Ijob 33,4 ausgedrückt: »Gottes Geist hat mich erschaffen, der Atem des Allmächtigen mir das Leben gegeben«. Sucht man weiter, bestätigt sich der enge Zusammenhang von Atem und »Lebensgeist«. *rû^{a}ḥ*, das hebräische, vom grammatischen Geschlecht her meist feminine Wort, das mit »Geist« übersetzt wird, bezeichnet zunächst eine Luftbewegung unter-

schiedlichster Intensität. Diese kann vom leichten Säuseln über den Wind bis zum Sturm reichen. Als »bewegte Luft« bezeichnet die *rûaḥ* auch den Atem (vgl. z.B. Koh 12,1*.7). Daß der Geist als von Gott gegebenes Lebensprinzip in einer Tendenz der Verselbständigung steht, zeigt auch ein Blick auf die große Vision von der Auferweckung der Totengebeine in Ez 37, die zugleich Einblick in die Vorstellung vom Aufbau des menschlichen Leibes gibt. In der Ebene liegen die Knochen vieler Toter verstreut herum. Die Gebeine, die zusammen »das ganze Haus Israel« (Ez 37,11) sind, werden als ausgetrocknet bezeichnet, und der Prophet soll zu den Gebeinen sprechen: »So spricht Gott, der Herr, zu diesen Gebeinen: Ich selbst bringe Geist in euch, dann werdet ihr lebendig. Ich spanne Sehnen über euch und umgebe euch mit Fleisch; ich überziehe euch mit Haut und bringe Geist in euch, dann werdet ihr lebendig« (Ez 37,5f). Die Sehnen halten die Knochen zusammen, das Fleisch gibt das Volumen und die Haut bildet die Hülle. Die anatomischen Kenntnisse sind begrenzt. Nerven, Muskeln und sämtliche Organe fehlen, aber darum geht es auch gar nicht. Umrahmt wird die Ankündigung durch die zweifache Erwähnung des Geistes, der zur Belebung notwendig ist und von Gott kommt (Ez 37,14). Ist hier in der Restitution Israels schon das weite Feld der Neuschöpfung durch den Geist Gottes betreten, so sei zum Abschluß noch der Spitzentext Ps 104,30 angeführt: »Sendest du deinen Geist aus, so werden sie alle erschaffen, und du erneuerst das Antlitz der Erde«. Hier ist die belebende Kraft des göttlichen Schöpfergeistes über die Menschenschöpfung hinaus ausgedehnt. Damit sind wir zugleich zu Gen 1,2 zurückgekehrt, wo Gottes Geist über den Wassern schwebte. War es dort die trennende Kraft zwischen Himmel und Erde, die Schöpfung ermöglicht, so ist es hier Gottes Geist als »Lebensprinzip«. Der erschaffende und belebende Schöpfergeist ist zu unterscheiden von dem Geist Gottes, der prophetisches Reden oder prophetische Schau bewirkt oder von dem »Geist des Herrn«, der auf den Auserwählten ruht (Gen 41,38; Num 11,29; 24,2; Ri 3,10; 1 Sam 10,10; 2 Sam 23,2; Jes 11,2; 61,1; Ez 11,5; Joel 3,1 u.ö.).

Der Geist des Menschen ist nun noch einmal von dem bisher besprochenen Schöpfergeist zu unterscheiden, aber nicht ganz davon zu trennen. Zunächst muß man sich von der Gleichsetzung von Geist und Vernunft, Denken und Intellekt lösen. Nur an wenigen Stellen läßt sich der Gebrauch von *rûaḥ* in dieser Richtung verstehen. Ijob 32,8 deutet den Zusammenhang an, wenn betont werden soll, daß Weisheit und Verstand nicht ausschließlich Phänomene des Alters sind, sondern dem Menschen von der Schöpfung her zukommen. Insbesondere da, wo Geist parallel zu Herz gebraucht wird und beide als Erkenntnisorgan verstanden sind, wird »Geist« mit Denken und Vernunft konnotiert: »Mein Herz grübelt bei Nacht, ich sinne nach, es forscht mein Geist« (Ps 77,7). An den meisten Stellen hingegen steht der Geist für den Willen des Menschen, für seine Entschlossenheit, den inneren Antrieb und vor allem für das Gemüt (vgl. z.B. Ex 6,9; Dtn 2,30; 1 Kön 21,5; Ijob 17,1; 32,18; Ps 77,4.7; 143,4.7; Spr 25,28; Dan 2,3). Der Geist ist das

Stimmungsbarometer (Spr 15,13; 17,22, wo beide Male für Gemüt *rûªḥ* steht). Anders als die *næfæš* ist der Geist nicht im Körper lokal mit einem Organ verbunden, also nicht einfach im Kopf zu verorten. Aber wie die Kehle ist auch der Geist Sitz starker Emotionen: »Ein Tor läßt seiner ganzen Erregung freien Lauf, aber ein Weiser hält sie zurück«, lautet die Einheitsübersetzung von Spr 29,11 und für die »Erregung« steht *rûªḥ* – gedacht als der schnaubende Atem, der durch die Nase, das Organ des Zorns, gestoßen wird (vgl. Koh 10,4). Der Hauptakzent liegt bei dem »Geist« allerdings auf dem Willen, dem Antrieb und der Entschlußkraft des Menschen. Ein verzagter und niedergeschlagener Geist bleibt antriebslos und schwach, ein offener und starker Geist hingegen vermag Lebensenergien umzusetzen. Besonders deutlich wird das in der psychosomatischen Weisheit von Spr 18,14: »Der Geist des Menschen überwindet die Krankheit, doch einen zerschlagenen Geist, wer kann den aufrichten?«. Wenn der Beter von Ps 31,6 vertrauensvoll seinen Geist in die Hände Gottes legen will, dann meint er damit die Übergabe des Willens in die Verfügung Gottes. Sich unter Aufgabe des Anspruchs, selbst rettend zu handeln, ganz in die göttliche Fügung hineinzugeben, das ist in dem Vers gemeint. Aus dieser Perspektive treten auch die Stellen, in denen von der Erneuerung des Geistes geredet wird, in ein neues Licht. Der Beter von Ps 51,12, überhaupt einem Psalm tiefgehender Geisttheologie, bittet inständig: »Erschaffe mir, Gott, ein reines Herz, und gib mir einen neuen, beständigen Geist!«. Wieder fällt auf, daß Herz und Geist parallel gesetzt werden. Das Herz ist als Entscheidungsorgan und Ort der praktischen Vernunft angesprochen, der Geist als »Antriebsorgan« und als Ort des Willens. Die Erneuerung soll zu einem beständigen Geist führen, d.h. einem Willen, der nicht wieder einknickt und abweicht von dem von Gott geforderten Kurs. Reue und Umkehr des Sünders begleiten diesen Wunsch der dauerhaften Neuorientierung. In die gleiche Richtung wie Ps 51,12 weisen die Stellen, in denen der Schluß des Neuen Bundes mit einem »neuen Geist« verbunden wird (Ez 11,19; 18,31; 36,26f). Der neue Geist und das Herz aus Fleisch richten Willen und Entscheidung des Menschen auf die Tora aus und verunmöglichen so einen erneuten Bundesbruch.

1.3 Von Herzneurosen und hörenden Herzen

Das Schlagen des Herzens hört der Mensch schon vor der Geburt, und der Herzschlag bleibt ihm vertraut bis zum eigenen Ende. Das schlagende Herz steht daher als Symbol des Lebens ganz vorne in unserer Bildsprache. Zugleich ist das Herz das Innerste des Menschen und der Sitz seiner tiefsten Gefühle. Das Herz zerbricht, man verschenkt oder verliert es, schüttet es aus oder hat das Herz am rechten Fleck. Das Herz steht für das Innerste des Menschen, seine Gefühle und innersten Regungen. Die Metaphorik ist so eingängig und natürlich, daß es sehr verwundern würde, wenn das Herz im Alten Testament nicht Sitz tiefer Emotionen und Regungen wäre. Auch dort kann Jonatan den David »in sein Herz schließen« (1 Sam 18,1) und auch dort kann man sich die Weisungen JHWHs »zu Herzen nehmen« (Dtn 4,39; Bar 2,30; Jer 12,11; Jes 57,1; Sir 21,6; 50,28). Jeremia »bricht das Herz« (Jer 4,19), und angesichts der desolaten Situation wird sein Herz »vor Kummer krank« (Jer 8,18). Nach dem Zusammenbruch von Tempel und Stadt klagt die verlassene Witwe Jerusalem: »Herr, sieh an, wie mir angst ist. Es glüht mir in der Brust; mir dreht sich das Herz im Leibe, weil ich so trotzig war«, und: »Ich stöhne ohne Ende und mein Herz ist krank« (Klgl 1,20.22). Das Herz ist das Zentrum des Menschen, an dem sein Innerstes nach außen tritt. Es ist nicht nur Sitz der Trauer und Verzweiflung, sondern auch der Freude und des Jubels (Ex 4,19; 2 Sam 13,28; Hld 3,11; Ps 28,7; 33,21; Sach 10,7). Das Herz steht als Symbol für das Leben.

Gerade am Herzen zeigt sich der Zusammenhang zwischen Körperorganen, Empfindungen und geistigen Funktionen. Der psychosomatische Zusammenhang der Emotionen mit Störungen des Herz-Kreislauf-Systems wird dabei besonders deutlich. Der Beter von Ps 55 fühlt sich schwer bedrängt. Aufgelöst, von innerer Unruhe getrieben (v.3) sieht er sich Angstzuständen ausgesetzt (v.4), die in bedrohlichem Herzrasen gipfeln, das der Beter als Todesdrohung fürchtet (v. 5). Angstzustände werden demnach nicht erst seit der Entdeckung psychosomatischer Störungen in der Schulmedizin mit Herzrasen oder anfallartigen Herzschmerzen ohne organischen Befund in Verbindung gebracht. Ähnlich sieht sich der kranke Beter von Ps 38 »Herzensqualen« ausgesetzt. Die Bedrängnis, die ihm seine von schweren Entzündungen begleitete Krankheit bedeutet, »geht ihm zu Herzen«, so daß er in seiner Qual aufschreit. Trotz der körperlichen Schwäche schlägt ihm das Herz zum Halse heraus (v. 9–11) – ebenfalls ein typisches Muster bei Psychosomatosen mit depressiver Grundstimmung. Im Herzen finden die tiefsten Emotionen ihren körperlichen Ausdruck. »Heiß wurde mir das Herz in der Brust«, berichtet der Beter in Ps 39,4, der sein ganzes Leid in sich hineinfrißt, an dem Gefühlsstau zugrunde zu gehen droht und sich dann in der Klage Raum schafft. Juda wird im Jeremiabuch hart angeklagt, »ins Herz getroffen« (Jer 4,18) und reagiert mit einem »Infarkt«: »O mein Leib, mein Leib! Ich winde mich vor Schmerz. O meines Herzens Wände! Mein Herz tobt in mir; ich kann nicht schweigen. Denn ich höre Trompetenschall und Kriegslärm« (Jer 4,18f).

Gerade in der psychosomatischen Bedeutung des Herzens als dem Innersten des Menschen, das *pars pro toto* für den ganzen Menschen stehen kann, zeigen sich deutliche Parallelen zur Auffassung in der Moderne. Diese dürfen allerdings nicht vorschnell dazu verleiten, von einer Deckungsgleichheit der Vorstellungen auszugehen. Zum einen muß betont werden – wie gerade das Zitat aus Jer 4 zeigen kann –, daß das Herz nicht der einzige und vielleicht nicht einmal der wichtigste Sitz der Emotionen ist. Hier sind der gesamte Oberkörper bzw. der Bauchinnenraum (»Leib« *me'æh,* »Inneres« *qæræb*) und der (Mutter-)Schoß bzw. Unterbauch (*ræḥæm*) bedeutender. Hier sollen jeweils wenige Beispiele genügen:

a) »Inneres, Leib«: »Mein Geliebter streckte die Hand durch die Luke; da bebte mein Herz ihm entgegen« (Hld 5,4). Obwohl »Herz« von unserer Bildsprache her das zum Ausdruck zu bringen scheint, was an Verlangen und Sehnsucht gemeint ist, steht im Hebräischen nicht »Herz«, sondern »Inneres« (*me'æh*). Sehr ähnlich dazu Jes 16,11, wo wiederum in der Einheitsübersetzung »Herz« steht: »Darum jammert mein Herz (*me'æh*) um Moab wie eine Zither, mein Inneres (*qæræb*) klagt um Kir-Heres«. Häufiger werden die starken Gefühle im »Inneren« mit dem Empfinden von Hitze in Verbindung gebracht: »Mein Inneres kocht« (Ijob 30,27) oder: »Meine Augen ermatten vor Tränen, mein Inneres glüht. Ausgeschüttet auf die Erde ist mein Herz« (Klgl 2,11)[11].

b) »Mutterschoß«, »Unterbauch«: *ræḥæm* ist sprachlich gesehen ein probates Beispiel für die anthropologische Sprachlehre im Alten Testament. So wie *'ap* sowohl das Organ »Nase« wie auch die hindurchströmende Luft, den »Atem«, und insbesondere den »Zorn«, die wutentbrannte Erregung, bezeichnet, so bedeutet *ræḥæm* zugleich sowohl »Mutterschoß, Gebärmutter« als auch »Mitleid, Erbarmen«. Als Organ des Leibes gibt es den *ræḥæm* physisch zwar nur bei Frauen, doch wird übertragen auch vom *ræḥæm* von Personen jeden Geschlechts gesprochen. Der Sitz des Gefühls »Mitleid« ist die Gebärmutter oder – schon unspezifischer – der Unterleib. Das deutsche Wort Barm*her*zigkeit macht deutlich, daß hier ein erkennbarer Unterschied in der Zuordnung von Emotionen zu Körperregionen besteht. Anknüpfend an die zuvor zum Inneren als Ort intensiver Gefühlsregungen genannten Stellen sei Jer 31,20 angeführt. Hier wie an anderen Stellen wird das Verhältnis zwischen Gott und Volk (in diesem Fall dem Nordreich Israel) als Eltern-Kind-Beziehung beschrieben. Auch hier steht für das Schlagen des Herzens das »Beben des Inneren«, das das Mitgefühl Gottes hervorruft. Das Erbarmen gehört zum Wesen Gottes. Dieses Bekenntnis wird das Alte Testament nicht müde in Variationen zu verkünden, entsprechend der sog. Gnadenformel in der Selbstvorstellung in Ex 34,6: »Jahwe ist ein barmherziger und gnädiger Gott, langmütig, reich an Huld und Treue«. Das erbarmende Verhalten Gottes wird in Jes 49,15 dem liebenden Schutzverhalten einer Mutter gleichgesetzt, die das aus ihrem Schoß geborene Kind nicht verstößt. In den angeführten Stellen, die auf natürliche Weise vom Menschen- zum Gottesbild geführt haben, oszilliert *ræḥæm* zwischen dem weiblichen Organ und der Eigenschaft bzw. dem Gefühl. Beides ist nie ganz von dem je anderen zu trennen. Auch wenn *ræḥæm* nicht in gleichem Maße als Organ wie *me'æh* gebraucht wird, zeigt sich der Zusammenhang von Emotionen mit Körperregionen deutlich. Das ist noch stärker der Fall bei den eigentlichen Organen, am deutlichsten bei den »Nieren«.

c) Von den *Nieren* ist wie vom Herzen im Alten Testament viel die Rede. Die Nieren sind dabei nicht als harnbildendes und blutfilterndes Stoffwechselorgan wahrgenommen. Dazu scheint das medizinische Wissen noch nicht ausgereift genug. Daß aber die Nieren erheblichen Schmerz verursachen können, einen stechenden, kolikartigen und in die Knie zwingenden ziehenden Schmerz, das wird mehrfach zum Ausdruck gebracht. Die Wucht mit dem Bogen abgeschossener Pfeile, die in die Nieren dringen (Klgl 3,13), bringen dabei den stechenden Schmerz besonders nahe: »Seine Pfeile umschwirren mich, schonungslos durchbohrt er mir die Nieren, schüttet meine Galle zur Erde« (Ijob 16,13). Daß die Nieren eine psychophysische Bedeutungsdimension haben, macht die Redewendung, daß einem etwas »an die Nieren geht« deutlich. Im Deutschen bezeichnet man damit Umstände, Zustände oder Ereignisse, die einem zu schaffen machen. Im hebräischen Sprachgebrauch sind die Nieren Sitz der inneren Regungen und Empfindungen, die sich auf ein Gegenüber richten. Das deckt sich mit modernen psychosomatischen Theorien, die »die Vermutung äußern, daß die Organe, die wir paarweise im Körper haben, besonders anfällig sind bei Konflikten, die wir mit unseren Partner(inne)n, in unseren Partnerbeziehungen erleben«[12]. Die Nieren erschließen sich dabei über das Alte Testament als *das* Beziehungsorgan. Auch hier soll diese Dimension zunächst an Stellen deutlich werden, wo die Einheitsübersetzung statt »Nieren« »Herz« setzt. Ijob fühlt sich durch das Eingreifen Gottes seiner Ehre entkleidet (Ijob 19,9) und droht zu zerbrechen an der Gottferne, die er in seinem leidvollen Schicksal erfährt (Ijob 19,10). Sein Leid führt er auf das Handeln Gottes zurück, dem er unterstellt, die heilvolle Beziehung zu Unrecht strafend abgebrochen zu haben. Trotz der Verzweiflung gibt aber Ijob sein Vertrauen nicht ganz auf, da er in der Gewißheit lebt: »Doch ich, ich weiß: mein Erlöser lebt« (Ijob 19,25). Ijob hofft auf die Wiederherstellung »Ohne meine Haut (*'ôr*), die so zerfetzte, und ohne mein Fleisch (*bāśār*) werde ich Gott schauen. Ihn selber werde ich dann für mich schauen; meine Augen werden ihn sehen, nicht mehr fremd. Danach sehnt sich mein Herz in meiner Brust« (Ijob 19,26f). Im hebräischen Text sehnen sich die Nieren im Schoß nach der Gottesschau, die Jjob in eine solche Unmittelbarkeit zu Gott bringt, daß alle Gottferne in die heilende Gottesnähe hinein aufgehoben ist. Das »Beziehungsproblem« Ijobs kann nicht prägnanter gelöst werden als durch dieses Bild der Nähe und die intensive Hoffnung darauf. Nimmt man die Beziehungsdimension als immer mitschwingendes *continuo* der Rede von den Nieren, läßt sich von dort leicht eine Brücke zu dem Bedeutungsfeld »Gewissen« schlagen, nicht in dem simplen Sinn der »inneren Stimme Gottes«, sondern vielmehr, daß der Einspruch des Gewissens auf die ungestörte Beziehung mit Gott drängt. Den Beter von Ps 16,7 mahnen seine Nieren (EÜ Herz) in der Nacht. In dem Parallelismus wird die Beratung JHWHs mit der Unterweisung in der Nacht gleichgesetzt. Die Nacht gilt als Ort der Gottferne und Gottverlassenheit. Der Beter ist dort sich selbst überlassen. Dennoch, so das Vertrauensbekenntnis des Beters, ist der Rat JHWHs präsent und zwar vermittelt durch die Nieren. Insofern also die Nieren das Organ des Gewissens im Sinne der Ausrichtung auf Gott sind und darin die verstandesmäßige Entscheidung für Gott, die im Herzen fällt, komplementär ergänzen, stehen die Nieren für die entschiedene Nähe zu Gott, die den ganzen Menschen umfaßt. Damit läßt sich die mehrfach im Gerichtskontext verwandte Wendung »auf Herz und Nieren prüfen« (Ps 7,10; 26,2; Jer 11,20;

17,10; 20,12; Offb 2,23) entschlüsseln. Das Herz des angefochtenen Beters in Ps 26,2 steht ungeteilt in der Zuwendung zu seinem Gott, und er empfindet von seiner Seite aus die Beziehung zu Gott ungestört. Darum fordert er Gott auf, diese Beziehungsdimension zu prüfen und dann – nach positiver Bestätigung der Unschuld – für Gerechtigkeit gegenüber dem schuldlos Angeklagten zu sorgen.

Die Wendung »auf Herz und Nieren prüfen« zeigt noch einmal den Ausgangspunkt der kleinen Reise durch die Körperbegriffe. Das Herz war als Sitz tiefer Emotionen erkannt worden. Zugleich war aber einschränkend gesagt worden, daß in der hebräischen Anthropologie auch die anderen Organe und der Bauchinnenraum ihre je besondere Bedeutung in der Gefühlswelt haben. Die Übersetzungsvarianten der Einheitsübersetzung, in denen immer wieder andere Körperbegriffe durch das Herz ersetzt werden, haben deutlich gemacht, daß viele Züge, die im Alten Testament noch auf die Organe »verteilt« werden, im Deutschen auf das Herz konzentriert sind. Im Deutschen ist das Herz *das* alles überragende Organ der Emotionen des Menschen.

Daß dies im Hebräischen anders ist, soll in einem letzten Schritt unterstrichen werden. Denn in der alttestamentlichen Anthropologie erschöpft sich die Bedeutung des Herzens nicht in der vegetativen und emotionalen Funktion. Hinzu tritt die noëtische Dimension, die im Deutschen gewöhnlich dem Kopf eignet. Das Herz ist Sitz der Vernunft, des Verstandes, des Intellektes, des Nachsinnens, des Bewußtseins, des Erkenntnisvermögens, der Einsicht, des Gedächtnisses, des Wissens, des Nachdenkens, des Planens, des Wollens, des Urteilens und des Abwägens. Im Herzen werden Entschlüsse gefaßt, dort schmieden die Frevler gegen den Beter ihre Pläne (Ps 64,7; vgl. Spr 6,18; 19,21). »Die Wurzel der Pläne ist das Herz« (Sir 37,17). Das Herz denkt (Ps 27,8; Sir 37,12) oder erinnert sich (Jes 33,18), es ist weise (Ex 36,2; Ps 90,12; Spr 16,21; 1 Kön 5,9) und verständig (1 Kön 3,12; Ps 49,4; Spr 10,13.20). Häufig werden Herz und Geist dabei parallel gesetzt (Ex 35,21), insbesondere dann, wenn es um die voluntative Seite, das Wollen und den Entschluß geht. Das »zerbrochene Herz« und der »zerschlagene Geist« sind poetischer Ausdruck für Verzweiflung und Verzagtheit (Jes 57,15; 61,1; 65,14; Ps 34,19; 51,19). Wenn jemand etwas in seinem Herzen sagt, spricht er es nicht laut aus, sondern bedenkt es (Ps 10,6.11), und im Herzen steigen die Gedanken auf (Ez 38,10; vgl. Dtn 15,9; Ps 44,22; Dan 2,30; Sir 33,5). Das Herz ist Erkenntnisorgan ersten Ranges.

Kaum eine Metapher könnte das deutlicher machen als das »hörende Herz«, das sich Salomo erbittet, um das Volk klug und mit Einsicht regieren zu können. Kein anderes Organ ist so ausschließlich rezeptiv wie das Ohr, so daß in dem »Hören« des Herzens der Gehorsam mitschwingt. Salomo bittet, dem Ideal des Weisen entsprechen zu können, dessen Schritte nicht wanken, weil er die Weisung Gottes, die Tora, im Herzen trägt (Ps 37,31).

Durch den Blick auf das Herz als Erkenntnisorgan stellt sich die prophetische Verheißung eines »neuen Herzens« (Ez 18,31; 36,26) in einem anderen

Licht dar. Das wird deutlich in der Verheißung vom Neuen Bund in Jer 31,31–34, in deren Kontext es heißt: »Ich lege mein Gesetz in sie hinein und schreibe es auf ihr Herz.« Der Neue Bund ist auf den Sinaibund zurückbezogen, der als gebrochen betrachtet wird. Allerdings muß genau auf die Momente der Kontinuität wie auch der Diskontinuität gegenüber dem Sinaibund geachtet werden. Bundesinhalt (Tora) und Bundespartner (Israel) bleiben gleich. Aber der Modus des Bundesschlusses und der Modus der Rezeption des Bundesinhalts sollen sich ändern. Anstatt auf Tafeln aus Stein wird die Tora auf das Herz geschrieben. Die Tafel des Herzens steht für Beständigkeit und Treue (vgl. Spr 3,3; 7,3; Jer 17,1). Dadurch wird der Bund unbrechbar. Die Tora ist in das Herz als dem Zentrum des Willens und des Entschlusses eingeschrieben. Gottes Wille (Tora) und menschlicher Wille (Herz) weichen dann nicht mehr voneinander ab. Die Tora ist unmittelbar zum Tun des Menschen. Da Gott die Tora selbst in die Herzen schreibt, bedarf es keines Mittlers mehr. Mose, der die von Gott beschriebenen Tafeln überbracht hatte (Ex 24,12; 31,18; 34,28f), wird weder als Mittler noch als Lehrer benötigt. Hatte Mose die Tora am Sinai/Horeb vermittelt, so bedarf es jetzt keiner Belehrung mehr, weil die Tora die Gotteserkenntnis unmittelbar ermöglicht. Die Tiefe der Verheißung vom Neuen Bund wird erst erreicht, wenn das Herz als Erkenntnisorgan verstanden wird. Im Herzen entscheidet sich der Mensch für oder gegen Gott. An diesem Satz ist noch einmal ablesbar, daß die emotionale Bedeutung des Herzens nicht durch die noëtische völlig verdrängt wird, denn die Hinwendung zu Gott erfordert den ganzen Menschen, nicht nur seinen Intellekt. Auch in dem Schema'-Israel, dem »Höre Israel!« in Dtn 6,4–6 schwingen beide Dimensionen immer mit. Weder sind Herz, Seele und Kraft, mit denen Gott geliebt werden soll, vollständig synonym, noch lassen sie sich scharf voneinander trennen. Entsprechend dem Grundaxiom der anthropologischen Sprachlehre bringen die Begriffe je ein Bündel von Aspekten zum Ausdruck. Wollen und Intellekt, Bewußtsein und Gedächtnis fließen hier im Begriff »Herz« mit der Neigung und der emotionalen Bindung zusammen. Nimmt man das Herz nicht als Vernunftorgan wahr, kommt man zu dem verkürzenden Urteil, der hebräische Mensch sei ausschließlich vom Gefühl bestimmt, ein »Bauch-Mensch« und kein »Kopf-Mensch«, wie man heute gern sagt.

Dieses falsche Urteil, der hebräische Mensch sei nicht vernunftgeleitet und sein Bewußtsein sei vom Gefühl bestimmt, rührt von dem Mißverständnis her, daß das »Herz« lediglich für die emotionale Dimension des Menschen steht. Doch ist gerade in dem Zusammenkommen von Vernunft, Bewußtsein und Gefühl in dem einen Organ das Spezifikum des »ganzheitlichen« Menschen zu erkennen.

1.4 Vom Scheitel bis zur Sohle. Zusammenfassung

Ausgangspunkt der kleinen Reise durch den menschlichen Körper war die kennzeichnende Unschärfe hebräischer Begriffe. Diese sprachliche Eigenart der semitischen Sprach- und Denkwelt war als »Mehrdimensionalität« beschrieben worden, als Welt komplementärer Aspekte und als Sinnraum. In einer stark bildhaften, viel stärker synthetischen statt analytischen Sprache tritt das Bezeichnete zugunsten einer weitergehenden Bedeutungsdimension in den Hintergrund. »So ist das Innere des Leibes mit seinen Organen zugleich Träger der seelischen und ethischen Regungen des Menschen«[13]. Das war zunächst verdeutlicht worden an der Kehle, die für die Vitalität des Menschen steht und Sitz des Verlangens und der affektiven Gefühle, vor allem der Liebe und der Zuneigung ist. Durch den lebensnotwendigen Atem, der die Kehle durchströmt, wird die Kehle zum Synonym für das Leben und die Lebenskraft. Insofern diese Grundkraft von Gott her rührt und dem Menschen mit der Schöpfung zukommt, war die Bedeutungsbreite des Wortes als »Seele« hinzugezogen worden. Dabei war wichtig zu sehen, daß die »Seele« nicht ein vom Leib Getrenntes und ihm Entgegengesetztes meint. Eine Zweiteiligkeit (Leib-Seele) ist der hebräischen Anthropologie ebenso fremd wie eine Dreiteiligkeit (Leib-Seele-Geist). Das war am Beispiel von Fleisch und Geist vertieft worden. Der »Geist« ist, angelehnt an die Grundbedeutung des Wortes *rûaḥ* als bewegte Luft, wiederum mit dem Atem als lebensnotwendiger Bewegung verbunden. Der Geist sitzt daher beim hebräischen Menschen nicht im Kopf oder einer anderen Körperregion, sondern durchströmt und erfüllt das Innere des Menschen. Geist war herausgestellt worden als das belebende Lebensprinzip, als Kraft und Befähigung, als Antrieb des Menschen und als Ort seines Willens. Der Ort des Willens, der Entscheidung, des Gedächtnisses, des Bewußtseins und der Vernunft war aber ebenso das Herz, das in der hebräischen Anthropologie ebenso noëtisches wie emotionales Organ war. Das Herz denkt und leitet den Menschen in seinem Tun. Gerade am Herzen war die Besonderheit des psychophysischen Sprachgebrauchs deutlich geworden, wenn das Herz quasi als Sinnesorgan verstanden wurde, das hört und erkennt.

2. Der Mensch und seine Sinne

»Bild schlägt Wort«, so lautet eine Weisheit der Medienbranche. Kaum etwas anderes zeichnet die Moderne so aus wie die Vorordnung des Bildes vor dem Wort. Die direkte und klare Information, die scheinbare Eindeutigkeit und das Simultane der Darstellung sind die Stärken des Bildes. »Ein Bild sagt mehr als tausend Worte« ist die beliebte, aber verkürzende Variation dieser Leistungsfähigkeit des Bildes, die als Kampfbegriff gegen die Wort-Dominanz in der von einer Schriftreligion geprägten Kultur vorgebracht wird. Doch ist das Gefälle zwischen Wort und Bild in den letzten Jahrzehnten gekippt. Es geht nicht mehr um *ein* Bild, sondern um *tausend* Bilder, und die Sorge ist, daß diese tausend Bilder nicht mehr sagen als *ein Wort*. Die Bilderflut ist so gewaltig, daß sie uns wegschwemmt und haltlos zu machen droht. Die Haltlosigkeit wird immer dann erkannt, wenn der

Schein der Authentizität, der Wahrheit und Unmittelbarkeit des Bildes als Schein entlarvt wird. Wenn erkannt wird, daß der Krieg nicht nur die Bilder macht, sondern die Bilder auch den Krieg, wenn Bilder manipuliert und gefälscht werden oder wenn deutlich wird, wie sehr uns die mediale Präsenz des Gesehenen beeinflußt. Oft führt das Gefühl der Haltlosigkeit zu einer Distanz gegenüber dem Bild, die biblisch begründet wird. »Du sollst dir kein Bildnis machen«, »Der Glaube kommt vom Hören«, »Am Anfang war das Wort« lauten dann die Schlagworte. Das biblische Bilderverbot erlebt derzeit eine Renaissance ersten Ranges. Es wird zur modernen Bilderkritik bemüht, fehlt in kaum einem medienkritischen Diskurs oder findet Aufnahme in Denkbewegungen »Negativer Theologie«. Dabei scheint das Bilderverbot verselbständigt und abgelöst von seinem biblischen Ursprung als Kultbildverbot[14]. Es droht zum »Kunstverbot« und zum »Darstellungsverzicht« zu verkommen. Sicher ist es eine wichtige Funktion des Bilderverbotes – vor allem in den späten Formulierungen unter dem Dach des Monotheismus (besonders Dtn 4) – die Einheit Gottes und seine Unverfügbarkeit zu wahren. Doch eignet sich das biblische Bilderverbot nicht, eine Distanz gegenüber Bildern als Darstellungsmittel überhaupt zu begründen. Meist wird diese Distanz zusätzlich mit der Einschätzung verbunden, die Welt des Alten Testamentes hätte sich gerade in der Präsenz und Bedeutung der Bilder von seiner Umwelt abgehoben. Israel sei weniger bildhaft und stärker auf das Wort hin orientiert. Das sei schon an der Wertung der Sinne abzulesen. Dem hebräischen Menschen sei das »Hören« zentraler als das »Sehen«. Die Vorordnung des Hörens vor dem Sehen ist schon seit langem eingeübt. Sie reicht von den Kirchenvätern über Luther bis in die Wissenschaft des 20. Jhs. Dort sah noch F. Boman einen wesentlichen Unterschied zwischen griechischem und hebräischem Denken in der Wertung der Sinne, daß nämlich »die Griechen das Dasein sehend und die Hebräer hörend und empfindend erlebten«. Das Ohr ist für J. Horst »für den Glaubensvorgang das wichtigste Organ« und G. von Rad schrieb: »Konstitutiv für die Menschlichkeit des Menschen ist das Hören«[15]. Es verwundert daher nicht, daß in der Anthropologie H.W. Wolffs dem Ohr ein eigener Abschnitt gewidmet ist, dem Auge aber nicht. Dabei ist das Auge als Erkenntnisorgan mindestens ebenso bedeutsam wie das Ohr. Aber es steht natürlich im stillen *auch* die an das Wort gebundene Sprachfähigkeit des Menschen hinter der Wertung des Ohres. So richtig und wichtig die Differenz zwischen Mensch und Tier im Sprachvermögen ist, darf sie nicht dazu verleiten, dem Ohr den Vorrang vor dem Auge einzuräumen. Das Sehen ist dem hebräischen Menschen jedenfalls nicht weniger bedeutsam als das Hören. Sehr häufig werden beide Sinne zur Erkenntnis zusammengebunden (z.B. Ijob 13,1, Spr 20,2; Koh 1,8). In dem anthropologischen Grundlagenkapitel bei Jesus Sirach heißt es zum Menschen: »Er bildete ihnen Mund und Zunge, Auge und Ohr, und ein Herz zum Denken gab er ihnen« (Sir 17,6), und wenig später: »Ihre Augen sahen seine machtvolle Herrlichkeit, ihr Ohr vernahm seine gewaltige Stimme« (Sir 17,13). Das Erkennen des

Menschen ist nahezu ganz durch die *beiden* Sinne, durch die die meisten Informationen von außen an das Hirn weitergeleitet werden, bestimmt. Dabei werden beide Sinne im »Herzen« als *dem* Erkenntnisorgan zusammengeführt (vgl. Jes 6,10).
»*Sehen und Hören* – keine der beiden Fähigkeiten hat einen Vorrang vor der anderen. Beide machen den ›Mund, der zur Sprache bringt, was Ohr und Auge vernommen haben, zu dem Organ, das den Menschen vor allen anderen Geschöpfen auszeichnet‹«[16]. Das Sehen spielt demnach für den Menschen im Alten Testament eine ebenso große Rolle wie das Hören. Selbst in Bezug auf Gott, wo man es am wenigsten vermuten würde, ist oft vom Sehen und Schauen die Rede. »Meine Seele dürstet nach Gott, nach dem lebendigen Gott. Wann darf ich kommen und Gottes Antlitz schauen?« fragt der Beter sehnsüchtig in Ps 42,3. Immer wieder geht es im Psalter um die Schau Gottes, die im Erkennen erfahrene Gottesnähe, die heilig und heilend ist (vgl. Ps 11,7; 17,5; 27,4; 84,8 u.ö.). Viele der Metaphern der Rettung, der Heilsgegenwart und der Anwesenheit Gottes im Tempel sind deutlich stärker durch das »Sehen« als durch das »Hören« geprägt. Das Aufblicken zu Gott kann auch Ausdruck der glaubenden Ausrichtung auf ihn sein, wie Ps 123,1f zeigt, der den Blick vom Tempel in den Himmel richtet. Damit ist etwas angesprochen, an dem man natürlich nicht vorbeisehen kann. Zwar sind die beiden Sinne des Menschen gleichwertig, doch ergibt sich daraus nicht die Gleichwertigkeit in der Gotteserkenntnis. Der Grundsatz »Gott sehen, heißt sterben« (Gen 32,31; Ex 19,21; 33,20.23; Ri 6,22f; 13,22 und indirekt wohl auch Jes 6) deutet an, daß die Gottesschau als Unmittelbarkeit zu dem Heiligen nicht unproblematisch ist. Auch die Gottesbeschreibung im Ezechielbuch, die immer wieder Brechungen einträgt, um Identifikation zu vermeiden (»wie ein ...«) oder die Dornbuschszene Ex 3 zeigen Sperren gegenüber einer ungefilterten visuellen Wahrnehmung Gottes. Verfolgt man diese Spuren weiter, dann landet man doch wieder beim Bilderverbot und der Vorordnung des Hörens gegenüber dem Sehen. Sicher ist eine Vorordnung durch die Konzentration auf das Wort Gottes und das Faktum, daß Judentum und Christentum eine *Schriftreligion* sind, gegeben. Doch folgt daraus keine generelle Abwertung des Sehens.
Auch ist die Begrenzung auf die visuelle Wahrnehmung in den genannten Stellen zur Gottesschau eine zu starke Verengung, denn Sehen ist mehr als nur ein visuelles Wahrnehmen. Überhaupt sind die Sinne wie die Körperbegriffe viel stärker, als es uns heute bewußt ist, auf ein *personales und soziales Beziehungshandeln* hin orientiert. Jeder der fünf Sinne ist in besonderer Weise über die bloße Wahrnehmungsfunktion hinaus konnotiert. Sehen meint oft – wie zum Teil auch im Deutschen – intellektuell über die Außenwelt urteilen. Es kann sogar »wissen«, »nachdenken«, »forschen« oder »erfahren« meinen. Kohelet kommt mehrfach durch das erfahrungsgeleitete »Sehen« zu einer Erkenntnis: »Ich dachte nach, indem ich beobachtete, was Wissen wirklich ist und was Verblendung und Unwissen wirklich sind« (Koh 2,12). Kohelet nimmt sich vor zu überprüfen, ob sich durch

Erfahrung Gotteserkenntnis erlangen läßt. Durch seine erfahrungsgeleiteten Reflexionen kommt er zu der Einsicht, daß der Mensch Gottes Tun nicht ergründen kann. Der Mensch jedenfalls kann Gottes Wege weder durchschauen noch manipulieren. Deshalb lautet ein Ergebnis des Nachdenkens Kohelets: »Nicht im Menschen selbst gründet das Glück ... Ich habe vielmehr beobachtet, daß dies von Gottes Verfügung abhängt« (Koh 2,24). Auch in Koh 5,17, einem weiteren Spitzensatz Kohelets, in dem das *carpe diem* als »Anteil des Menschen« betrachtet wird, wird deutlich, wie sehr »sehen« und »mittels Erfahrung erkennen« ineins gehen.

Mit dem Hören wird neben der rezeptiven Kommunikation eine Beziehung zur Außenwelt etabliert und die Wahrnehmung des Anderen in seinen Interessen zum Ausdruck gebracht. Der Verzweiflung aufgrund der Mißachtung seiner berechtigten Einwände nah, ruft Ijob: »Hört, hört doch auf mein Wort, das wäre mir schon Trost von euch« (Ijob 21,2). Mit dem Hören wird die Beziehung zur sozialen Außenwelt verbunden. Das hat Immanuel Kant treffend zum Ausdruck gebracht: »Nichtsehen trennt den Menschen von den Dingen. Nichthören trennt den Menschen vom Menschen«. Daß das Hören für den Kontakt zur Außenwelt und die Sozialität des Menschen steht und zugleich mit der Wahrnehmung der Interessen des Gegenübers verbunden ist, macht die Wendung »das Ohr jemandem zuneigen« oder das »*er*hören« deutlich (vgl. z.B. Ps 17).

Das Schmecken hingegen ist eine emotionale Verinnerlichung, eine Aneignung und immer eine Form verfeinerter Sinneswahrnehmung. Das zeigt sich etwa in dem uns so sinnlich eingegangenen »Kostet und seht, wie gütig der Herr ist« (Ps 34,9). Dabei geht es um eine Beschreibung der freundlichen Zuwendung Gottes, auf die der Beter sich mit all seinen Sinnen einlassen soll. Schmecken ist ein Sich-Einlassen auf etwas, das Hineinholen in die innere Erfahrungswelt. Wenn Ezechiel die ihm von Gottes Hand gereichte Buchrolle verspeist, dann ist genau das in der Symbolhandlung angespielt. Die Rolle schmeckt süß wie Honig (Ez 3,3), d.h. weich, sämig und süß. Sie erweist sich sanfter als Samt. Das Wort Gottes trifft nur denjenigen hart, der sich widerspenstig ihm verschließt. Wer es ganz in sich aufnimmt, empfindet die schon in Spr 16,24 beschriebene heilsame Süße. Am Geschmack, den man am Wort Gottes finden kann, ist deutlich, daß das »Schmecken« eine intensive innere Erfahrungswelt zum Ausdruck bringt.

Riechen schließlich ist stark mit emotionaler Zu- und Abneigung im zwischenmenschlichen Bereich verbunden. Jemanden nicht riechen zu können, bringt genau das zum Ausdruck. Daß daher die Nase Sitz der heftigen Regungen des Zorns und der Wut ist, paßt genau, auch wenn diese Verbindung vielleicht eher vom wütenden Schnauben durch die Nase her kommt. Vom Riechen ist wie vom Fühlen/Tasten im Alten Testament nicht sehr häufig die Rede. Das Tasten ist der Orientierungssinn schlechthin, der durch das »Berühren« Distanz überwindet.

3. Der Mensch und seine Sexualität

Meinem Geliebten gehöre ich,
und mir gehört der Geliebte
Hld 6,3

Sexualität gehört zur personalen Grundkonstitution des Menschen. Es gibt keinen Menschen ohne Sexualität. Die Sexualität des Menschen hat subjektive, psychische, emotionale, physische, ethische, soziale und kulturelle Dimensionen. Ihre Bedeutung geht weit über das Triebhafte, die Fortpflanzung oder die reine Bedürfnisbefriedigung hinaus. Sexualität und Personalität des Menschen hängen sehr eng zusammen. Sexualität schafft Identität durch den Bezug auf einen Anderen. In der Sexualität wird der Mensch ekstatisch, er übersteigt sich selbst auf ein Gegenüber hin, übergibt sich bedingungslos an den Anderen und – für gelingende und erfüllende Sexualität unabdinglich – er gibt sich hin. Sexualität bedeutet Bindung an eine Person, nicht Unverbindlichkeit, Liebe, nicht Beliebigkeit. Zweckfreiheit ist ebenso wesentliches Moment erfüllender Sexualität wie die Selbstbestimmung, (nur) so ist sie Spiel, ein Spiel mit ganz eigenen Regeln, das »Normalität« durchbricht und übersteigt. Sexualität kann als sinnhaft und erfüllend wahrgenommen werden, jedoch auch als bedrohlich, zwanghaft und gewaltbehaftet, insbesondere wenn sie das Gegenüber nicht freies und selbstbestimmtes Subjekt sein läßt. Dann schlägt die kulturelle Wertung vom uneingeschränkt Positiven zum Negativen hin um. Doch das Verständnis von Sexualität wie von Erotik ist stark kulturell geprägt und zugleich Kultur prägend. Sexualität ist von gesellschaftlichen Normen bestimmt, die wandelbar sind. So ist der Umgang der Bibel mit der Sexualität nicht einfach als übertragbare Norm und normative Vorgabe zu beschreiben.

3.1 Partnerschaft und Sexualität in den beiden Schöpfungsberichten

Als Mann und Frau schuf er sie!
Gen 1,27

Oft wird die Bibel kurzerhand als sexualfeindlich eingestuft, doch dabei wird meist die Wirkungsgeschichte mit dem Ursprung verwechselt. Das Alte Testament selbst steht der Sexualität des Menschen offen und unbefangen gegenüber. Es versteht die Sexualität als natürlichen und unverzichtbaren Bestandteil des Mensch-Seins. Allerdings – und hier zeigt sich erneut das Eigene und Besondere des biblischen Umgangs – greift das Alte Testament das Thema nicht systematisch oder mit dem Ziel genereller Aussagen über den Menschen auf. Das zeigt sich schon darin, daß weder das Wort Sexualität noch Geschlechtlichkeit oder Erotik vorkommt. Wenn auch keine Sexuallehre, so finden sich doch vielfältige Grundaussagen zur Sexualität, und es beginnt schon in den beiden Schöpfungsberichten. In Gen 1,27 heißt

es: »Gott schuf also den Menschen als sein Abbild; als Abbild Gottes schuf er ihn. Als Mann und Frau schuf er sie.« Über die Gottebenbildlichkeit ist an anderer Stelle gehandelt. Hier kommt es auf die Komplementarität der Geschlechter an: Der Mensch ist Mensch im sich ergänzenden partnerschaftlichen Gegenüber von Mann und Frau. Dieses Moment des partnerschaftlichen Bezogenseins aufeinander ist auch die Grundlinie im zweiten Schöpfungsbericht. Gen 2f erzählen vom Menschen, seinem Sein-Sollen und seinem So-Sein und dazu gehören auch Begierde, Verlangen und Scham oder die geschlechtliche Vereinigung (Gen 4,1). Oft liegt dem Verständnis das auch im Neuen Testament (1 Tim 2,13) belegte Mißverständnis zugrunde, daß *zuerst der Mann* und nach ihm die Frau geschaffen wurde. Hier wird die Erzählung nur aus der Stammelternperspektive von Adam und Eva (Gen 3,20) gelesen und verkannt, daß das hebräische Adam und *hā'ādām* zunächst *»ein bzw. der Mensch«* heißt und das noch nicht geschlechtlich differenzierte Gattungswesen[17] »Mensch« meint. Der Name Adam taucht erst in Gen 4,25 bzw. 5,1 sicher auf. Zuvor besteht eine bewußte Ambivalenz zwischen »Erdling«, »Mensch«, »Mann« und »Adam« (s. dazu bereits o. S. 26f). Von Eva ist erstmalig in Gen 3,20 die Rede. Nicht der Mann Adam wird also zuerst geschaffen, sondern der Mensch, der sich erst durch das personale Gegenüber geschlechtlich differenziert. Aufgrund der fehlenden Personalität können die Tiere dieses Gegenüber, das dem Menschen entspricht (Gen 2,18.20), nicht darstellen, sondern erst der aus dem Menschen selbst geschaffene Mensch. Erst nach dieser Entfaltung der Art, die der Mensch freudig in der Verwandtschaftsformel begrüßt (Gen 2,23), existiert der Mensch in der polaren Zuordnung der Geschlechter, was der zweite Schöpfungsbericht zusätzlich durch das Wortspiel herausstellt: »Frau *('îšāh)* soll sie heißen; denn vom Mann *('îš)* ist sie genommen.« Sicher baut dieses auf dem Gleichklang aufruhende (und sprach*geschichtlich* noch dazu unzutreffende) Wortspiel dem verhängnisvollen, weil wertenden Verständnis vor, der Mann sei vor der Frau geschaffen worden. Die sexuelle Vereinigung »sie werden ›ein Fleisch‹« wird im zweiten Schöpfungsbericht als das Ziel des Menschseins an den Schluß gesetzt.
Beide Schöpfungsberichte gehen demnach davon aus, daß der Mensch als ein Gegenüber zum Menschen geschaffen ist und daß zum Mensch-Sein die geschlechtliche Differenzierung in Mann und Frau gehört. Wichtig ist, daß es kein schöpfungsgemäßes Gefälle zwischen den Geschlechtern gibt. Die Sexualität ist *von Anfang an* bzw. *vom Anfang her* positiv bewertet. Jede Auslegung der folgenden Sündenfall- oder besser Gartenerzählung (Gen 3), die in der Entdeckung der Sexualität des ersten Menschenpaares das eigentliche Vergehen sieht, geht fehl. Vielmehr zeigt sich auch dort, daß die Sexualität als anthropologische Konstante konstitutiv zum Mensch-Sein hinzugerechnet wird. Der Mensch ist nackt geschaffen, ohne das Gefühl der Scham (Gen 2,25). Erst als er sich gegen das Gebot Gottes wendet und vom Baum der Erkenntnis ißt, erkennt der Mensch seine Nacktheit und verlangt nach dem Schutz durch Bekleidung (Gen 3,7.11). Das Gefühl der Scham ist

Folge der Übertretung. Eine unverstellte Natürlichkeit zeichnet das Paradies als Gottesgarten aus, eine Situation, in dem der Mensch zu seinem Körper steht und seine Natürlichkeit nicht zu verbergen sucht. Die Erzählung stellt das Sein-Sollen dem So-Sein der Welt gegenüber. In ihrem So-Sein ist die Welt geprägt von Scham und Schuld, in der der Mensch in einer gebrochenen Beziehung zu sich selbst steht. Dieser im Gefühl der Scham festgehaltene Bruch entspricht nicht dem von Gott gesetzten guten Anfang im »Garten Gottes«. Daß durch das schuldhafte Vergehen des Menschen noch mehr aus den Fugen geraten ist, machen die Strafsprüche (Gen 3,14–19) deutlich. Minderung und Mühsal prägen von nun an das Leben des Menschen außerhalb des Gartens. Im Strafspruch gegen die Frau wird noch einmal die Partnerschaft zwischen Mann und Frau thematisiert. Zum einen werden die Schmerzen in Schwangerschaft und Geburt als Spätfolgen der geschlechtlichen Vereinigung zwischen Mann und Frau einseitig zu Lasten der Frau verteilt. Zum anderen gerät das von gegenseitiger Achtung und Gleichwertigkeit geprägte partnerschaftliche Zueinander (Gen 2,23f) in eine Schieflage: »Du hast Verlangen nach deinem Mann; er aber wird über dich herrschen« (Gen 3,16). Es ist beachtlich, wie der zweite Schöpfungsbericht das bis heute prägende patriarchale (d.h. die Vorherrschaft des Mannes hervorbringende und stützende) Gefüge als nicht dem Sein-Sollen des guten Anfangs entsprechend markiert. Im Paradies gibt es das Gefälle zwischen Mann und Frau nicht, und auch die partnerschaftliche Sexualität ist uneingeschränkt positiv bewertet.

3.2 Das Hohelied als Schule der Liebe

Mit Küssen seines Mundes bedecke er mich.
Süßer als Wein ist deine Liebe

Hld 1,2

Liebende verlieren sich mit Gewinn aneinander, ihnen wird der Alltag zum Fest, alles Grau wird farbig, und die eigene Verwiesenheit wird zum Glück. Liebende durchbrechen die Grenzen der normierten Welt und kehren in das Paradies zurück. Diese tiefe Einsicht, daß der Mensch im Anderen zu sich kommt, sich selbst auf den anderen hin übersteigt, was die Dimension unbegrenzten Menschseins erahnen läßt, findet sich in besonderer Weise im sog. »Hohelied« oder dem »Lied der Lieder«. Diese über längere Zeit entstandene und im 3. Jh. abgeschlossene Sammlung von unterschiedlichsten Liedern, die die Tradition aufgrund von Hld 3,9.11; 6,8; 8,11f auf den weisen König Salomo zurückführt, bringt diese Weisheit in aller wünschenswerten Tiefe und Poesie zum Ausdruck.

Die Lieder umspielen eine Welt der Liebe, eine Welt sehnsüchtiger Ferne und zärtlicher Nähe. Dabei steht die Körperlichkeit der partnerschaftlichen Zuneigung nicht im Vordergrund, ist aber in der zärtlichen Zuneigung, den Liebkosungen und Küssen der Liebenden präsent. Die Sexualität ist zweck-

frei, nicht erkennbar an die Institution der Ehe gebunden und nicht auf die Erzeugung von Nachkommenschaft ausgerichtet.
Die Lieder besingen eine erotische Welt, geprägt und getragen von der Sehnsucht, in der Nähe des Geliebten ganz aufzugehen. Mann und Frau stehen gleichberechtigt nebeneinander, beide besingen den je Anderen, auf den sich das Verlangen richtet. Beide schlüpfen in Rollen und lassen den anderen spielerisch in Rollen schlüpfen. So ist das Hohelied geprägt von den Stimmungen der Trennung, des Verlangens und der Vereinigung. Die Welt der Liebenden ist bevölkert von anmutigen, schönen Tieren (Gazellen, Hirschen, Ziegen, Tauben), geprägt von Vitalität und Lebensfreude und ganz und gar durchdrungen von erfrischender Lebenssymbolik (Lotusknospen, Lotusblüten, Granatäpfel, Feigen). Es ist eine vollkommene und schöne Welt ohne Mangel, Krankheit und Leid. »Alles an dir ist schön, meine Freundin; kein Makel haftet dir an« (Hld 4,7).
Das Hohelied bietet eine Schule beglückender Menschlichkeit in der Liebe, in der die Partner im Du des Anderen aufgehen, ohne sich aufzugeben. Schon der oben zitierte Eingangsvers (Hld 1,2) macht den Perspektivwechsel deutlich. Er beginnt mit einem innigen Wunsch nach intensiver Berührung (»Mit Küssen seines Mundes bedecke er *mich*«), und schon indem die Geliebte diesem Wunsch Ausdruck verleiht, wendet sie sich dem Geliebten im »Du« zu (»Süßer als Wein ist *deine* Liebe«). In der Liebe wird das Gegenüber zum angesprochenen und ansprechenden »Du«. Und noch mehr macht dieser Vers deutlich. Die partnerschaftliche Liebe ist Genuß, und sie will genossen sein, sie betört die Sinne und ist in der Süße unübertroffen. Gerade indem das Hohelied selbst nicht systematisch ist (und doch einen komponierten Zusammenhang bildet) und die Lieder keine »Lehre« der Liebe entfalten, wird der Text, in dem Gott *keine direkte* Rolle spielt, zu einer *Schule der Liebe*. Die Liebe ist durch jede Verzweckung bedroht, sie ist sich selbst genug. Sie braucht ungestörten Freiraum, was die Lieder immer wieder fordern: »Stört die Liebe nicht auf, weckt sie nicht, bis es ihr selbst gefällt« (Hld 2,7; 3,5; 8,4). Die Liebe wird als elementar, mächtig und als unüberwindbare Kraft des Lebens beschrieben: »Stark wie der Tod ist die Liebe, die Leidenschaft ist hart wie die Unterwelt. Ihre Gluten sind Feuergluten, gewaltige Flammen. Auch mächtige Wasser können die Liebe nicht löschen; auch Ströme schwemmen sie nicht weg« (Hld 8,6f). Daß die Liebe sich nicht auf das rein sexuelle Verlangen beschränkt, sondern *alle* Sinne des Menschen besonders anspricht, umspielen variantenreich die vielen Metaphern. Es ist etwa der Duft des Apfels, der Myrrhe und kostbarer Salben, die Süße des Honigs, der Anblick von reifen Früchten, duftende Blüten und die betörende Schönheit von Edelmetallen (vgl. Hld 5,1). Mit dem Hinweis auf Sprache und Bildwelt kann zwar der sprachliche Reiz und die Schönheit der Poesie des Hohenliedes unterstrichen werden, doch die anthropologische Dimension ist damit noch nicht ausgeschöpft. Das Hohelied versteht die partnerschaftliche Liebe als Rückkehr ins *Paradies*, als Aufhebung der Minderungen und Begrenzungen des Mensch-Seins. Ein in-

tertextuelles Spiel zwischen Gen 3,16 und Hld 7,11 macht das deutlich. Der Garten – verstanden als Ort kultivierter Schönheit und Vitalität – spielt als Ort der Liebe und der Liebenden eine besondere Rolle im Hohelied. Er ist zunächst verschlossen, wird dann geöffnet und wandelt sich von der Metapher, wo er für die Frau steht (Hld 4,12.16) zum Ort, an dem die Liebenden ihre Liebe genießen. Die Liebe ermöglicht gegenseitige Hingabe ohne Machtgefälle zwischen den Geschlechtern (vgl. Hld 6,3). Daß das »Paradies«, der Garten aus Gen 3 im Hintergrund steht, macht nicht nur das persische Lehnwort *pardes* (Hld 4,13) deutlich. Gen 3,16 hatte unter den Minderungen der Frau noch das Verlangen nach dem Mann genannt und hinzugesetzt, daß der Mann über die Frau Herrschaft ausübt. In Aufnahme der gleichen Vokabel des Verlangens formuliert Hld 7,11: »Ich gehöre meinem Geliebten, und ihn verlangt nach mir.« Bewußt wird hier das Verlangen auch auf seiten des Mannes verortet, und es fehlt der Blick auf den Herrschaftszusammenhang, der die Gleichheit zwischen den Geschlechtern aufhebt. Liebende sind wie gleichwertige Geschwister, einander untrennbar nah und im Innersten aufeinander bezogen. »Die Liebe wird als Rückkehr ins Paradies erfahren« (O.Keel).

3.3 Sexualität als Machtmittel

... dann entblöße ich vor ihren Augen deine Scham,
damit sie deine Scham unverhüllt sehen.

Ez 16,37

Die Schöpfungsberichte und das Hohelied haben deutlich werden lassen, daß die Sexualität des Menschen vom Alten Testament her zu seiner Schöpfungswirklichkeit gehört, uneingeschränkt positiv bewertet wird und in ihrem kulturellen Wert erkannt ist (vgl. auch Koh 9,9; Spr 5,19). Diese Spur, in der die Gebundenheit der Sexualität an eine partnerschaftliche und von gegenseitiger Achtung und Zuneigung geprägte Beziehung gebunden ist, ließen sich leicht weiterverfolgen. Da ist Isaak, der Rebekka lieb gewinnt (Gen 24,67) und als ihr Ehemann an der zärtlichen Liebkosung erkannt wird (Gen 26,8f), Delila, die Simson liebevoll auf ihren Knien einschlafen läßt (Ri 16,19), oder Elkana, der seine Frau Hanna aufrichtig liebt (1 Sam 1,5). Da ist das Geheimnisvolle der Sexualität Spr 30,19 und die knisternde Erotik in der Nacht auf der Tenne im Rutbuch (Rut 3). Erotik und Sexualität sind Ausdruck körperlicher Zuneigung und partnerschaftlicher Bindung. Sexualität gehört hier nicht in einen dämonisierten Tabu-Bereich, sondern zum schöpfungsgemäßen Sein des Menschen.

Doch an vielen anderen Stellen kommt insbesondere im Alten Testament zum Ausdruck, daß Sexualität auch gegen den Schöpferwillen als Machtmittel mißbraucht wird und mit Gewalt konnotiert ist. Da gibt es Hinweise auf Vergewaltigungen in Kriegskontexten, wo gedemütigte Frauenkörper zur Ware werden (Klgl 1,8; 5,11; Jer 13,22; Dtn 28,30). Da gibt es die dunkle Erzählung von der eklatanten Verletzung des Gastrechtes, in der die Vergewaltigung des Gastes angedroht wird und als »Kompensation« seine Nebenfrau zu Tode vergewaltigt wird (Ri 19). Da sind der Ehebruch Davids mit Batseba (2 Sam 11), die Vergewaltigung Dinas durch Sichem (Gen 34) oder die Vergewaltigung Tamars durch Amnon (2 Sam 13). Da sind die beiden Ältesten, die sich an der Schönheit Susannas aufgeilen und für den Lustgewinn schamlos die Wahrheit preisgeben (Dan 13). Oder da ist der Vorwurf, Israel hätte sich bedingungslos der geschlechtlichen Unzucht hingegeben (Num 25,1; Jer 5,8; 13,27; Ez 16; 23; Hos 4,10–12). Doch in all diesen Stellen kommt durch die Wertung zum Ausdruck, daß die Sexualität nicht schöpfungsgemäß, sondern »sündhaft« eingesetzt wurde. Das Alte Testament verschließt nicht die Augen vor der Realität, in der Sexualität auch gewalttätig oder gewaltkonnotiert sein kann, sondern ist gerade in diesem sensiblen Bereich sicher, daß die schöpfungsgemäße Bestimmung des Menschen verlassen ist. Ethos und Anstand, die hier klar zum Ausdruck kommen (»so etwas tut man nicht in Israel«), sind demgegenüber vielleicht sogar nachgeordnet. Sehr häufig wird der Sexualität als Ausdruck der partnerschaftlichen Liebe im Alten Testament das Zeugen von Nachkommenschaft vorgeordnet. Das wird besonders deutlich an den Erzählungen, wo zugunsten der Erzeugung männlicher Nachkommen Grenzen bewußt durchbrochen werden, etwa in dem Beischlaf Abrahams mit der Magd Saras, Hagar (Gen 16), der Tamar-Erzählung, wo die Schwiegertochter ihren Schwiegervater verführt, um die Linie des verstorbenen Ehemanns Er durch verwandtschaftsnahe Fortpflanzung zu erhalten (Gen 38) oder in der Erzählung von Lots Töchtern, die aus Not, weil alle Männer aus der endogamen Verwandtschaft mit Sodom umgekommen sind, mit ihrem Vater verkehren (Gen 19).

3.4 Homosexualität und Homoerotik im Alten Testament

... denn er liebte ihn wie sein eigenes Leben.
1 Sam 20,17

Während die vorhergehenden Beispiele deutlich gemacht haben, daß hier »Fehlformen« der Sexualität als nicht schöpfungsgemäß beurteilt werden, mag aufgefallen sein, daß der Bereich der Homosexualität nicht mitgenannt worden war. Immer wieder werden in diesem Zusammenhang die gleichen Stellen bemüht (Lev 20,13; vgl. 18,22). Homosexualität scheint hier der Sodomie und Inzucht gleichgeordnet. Es ist keine Frage, daß hier der homosexuelle Akt unter Einschluß einer moralischen Wertung scharf verurteilt wird. Doch um Homosexualität im eigentlichen Sinne geht es dabei nicht. »Homosexualität im Sinne einer den Menschen prägenden Disposition war der Bibel unbekannt. In ihr handelt es sich jedesmal um rein sexuelle Kontakte, nicht um dauerhafte Liebesbeziehungen oder um seelisch-geistige Werte, die für uns heute zur Homosexualität gehören können. Und insofern

ist die Ablehnung als theologischer Beweis gegen die Homosexualität unbrauchbar« (Herbert Haag)[18]. Das wird bei einem genaueren Blick auf die Erzählungen deutlich, in denen die Gleichgeschlechtlichkeit im Feld von Erotik und Sexualität thematisiert werden. Die Paradeerzählungen Gen 19; Ri 19 wurden oben schon als Aufgipfelung der Verletzungen des Gastrechtes gedeutet. Der angedrohte homosexuelle Akt ist hier als schwere Demütigung zu verstehen, die der Gastgeber nicht zulassen kann. Die Liebe Davids zu Jonatan, die manchmal für eine homosexuelle Neigung des Königs angeführt wird (1 Sam 18,1.3; 20,17; 2 Sam 1,26), ist ganz auf das Konto einer intensiven homoerotischen Männerfreundschaft im Kontext der Thronfolge zu verbuchen. Von Homosexualität ist in beiden Fällen nicht die Rede.
Dabei hat es Homosexualität ohne Zweifel im gesamten Vorderen Orient gegeben. Auch in außerbiblischen Rechtssammlungen wird der männliche homosexuelle Akt sanktioniert. Wichtiger als diese Beobachtung ist jedoch, daß es weder im Alten Testament noch in den mythischen und juristischen Texten der Nachbarvölker um Homosexualität im Sinne einer dauerhaften sexuellen Neigung oder geschlechtlichen Disposition geht, sondern Fragen der Geschlechterrollen im Vordergrund stehen. Es besteht in der Regel eine grundsätzliche und tiefe Abneigung gegen jegliche Aufhebung der Geschlechterrollen. Dabei ist im Vorderen Orient wie auch im Alten Testament immer nur die männliche, nie die weibliche Homosexualität im Blick. Der gleichgeschlechtliche Sexualakt wird als Geschlechterrollentausch auf seiten des penetrierten Partners interpretiert. Er wird als Demütigung verstanden, die den Sozialstatus der penetrierten Person zum Schlechteren verändert. Das gilt etwa in der Vergewaltigung des militärisch Unterlegenen durch den Sieger, aber auch wenn der sexuelle Akt aus freien Stücken (sei es aus homosexueller Neigung oder nicht) geduldet wurde. Das Verbot zielt auf den Schutz der Personenrechte des Partners, der die Rolle der Frau übernimmt (natürlich steht dabei das androzentrisch geprägte Geschlechtergefälle im Hintergrund).
Auch im Alten Testament kommt ein großes Mißtrauen gegen jede Transgression der Geschlechterrollen zum Ausdruck (Dtn 22,5; vgl. Dtn 22,9–11; Lev 19,19), und das bedingt die schroffe Verurteilung des männlichen homosexuellen Aktes. Die Geschlechterdifferenz zwischen Mann und Frau gehört zu den Grunderfahrungen menschlichen Lebens und seiner Lebenswirklichkeiten. Sie wird als schöpfungsgemäße Differenz wahrgenommen, die nicht aufgehoben werden darf. Am Beispiel der Homosexualität lassen sich also die Grenzen der Normativität der Aussagen des Alten Testamentes zur Sexualität aufzeigen. Die biblischen Texte geben hier nicht eine zeit- und kontextlose Bewertung vor, die einfach als normativ zu übernehmen wäre. Ihr Maßstab allerdings, die Sexualität als vom Anfang her als von Gott gewollt, als gut und schöpfungsgemäß zu bewerten, hat über die konkrete Einzelweisung hinaus Bestand. Was aber schöpfungsgemäß ist, muß auch unter Einbeziehung biologischer, sozialer und kulturgeschichtlicher Argumente bewertet werden.

D. Arbeit und Ruhe: Die Bestimmung des Menschen

Der Mensch wird im Alten Testament als Sozialwesen und als Kulturwesen entfaltet. Er ist in eine Gemeinschaft hinein geschaffen worden (Gen 1,26; 2,18.23) und mit der Gestaltung seiner Welt beauftragt. Auch hier legt es sich nahe, in der Urgeschichte und darin bei den Schöpfungserzählungen zu beginnen. In den altorientalischen Mythen zur Welt- und Menschenentstehung war die Aufgabe des Menschen durchgehend die Entlastung der Götter von ihrer Arbeit. Anders in den biblischen Schöpfungserzählungen, wo ein Grund für die Menschenschöpfung nicht genannt wird. Diese »Grundlosigkeit« des menschlichen Daseins und seine Hoheit erfüllen den Psalmisten in Ps 8,5f mit Erstaunen. Der Mensch ist nicht Sklave der Götter, sondern erscheint in Herrlichkeit und Ehre nur wenig geringer als Gott. In der Hoheit des Menschen, die die Spannung zwischen Krönung und Niedrigkeit nicht verläßt, läßt sich eine Grundlinie des Menschenverständnisses im Alten Testament erkennen.

1. Jenseits von Eden – Arbeit als Auftrag des Menschen

Obwohl der Mensch nicht zum Sklaven der Götter erschaffen ist, bleibt er nicht ohne Aufgabe. Im zweiten Schöpfungsbericht klingt das Verständnis des Menschen, der den »Tragkorb der Götter« tragen soll, noch nach: »Es gab noch keinen Menschen, der den Ackerboden bestellte« (Gen 2,5), doch wird dies nicht als Entlastung der Götter vorgestellt. Vielmehr stimmen beide Schöpfungsberichte darin überein, den Menschen vom Anfang her als verantwortliches, Kultur gestaltendes Wesen zu verstehen.
Der Mensch soll den Garten »bebauen und hüten« (Gen 2,15). Für das Bebauen ist das Verbum *'bd* gebraucht, das sowohl »arbeiten« als auch »dienen« meint. Der Mensch ist also nicht zum Müßiggang erschaffen, sondern »Arbeit« gehört zu seinen Wesensbestimmungen. Der Garten dient nun auf den ersten Blick zur Versorgung des Menschen (Gen 2,9.16). Doch würde man das »Bebauen« und »Bewahren« auf die Pflege eines Gemüsegartens reduzieren, wäre die Erzählung vom »Paradies« wohl mißverstanden. Der Versorgung des Menschen dienen die verlockenden Fruchtbäume, die *Gott* dort wachsen läßt. Der Schlüssel für ein vertieftes Verständnis liegt in der Auffassung vom »Garten«. Damit ist nicht in erster Linie ein Kräuter- oder Gemüsegarten gemeint, sondern vielmehr ein umgrenzter kultivierter Park oder Bustan mit Baumbestand. Der normale Stadt- oder Dorfhaushalt besaß keinen Garten in diesem Sinne, sondern allenfalls der König. Der König grenzte ein Stück Land durch eine Ummauerung aus, legte Wasserläufe

für die Bewässerung an, pflanzte Fruchtbäume und Sträucher und kultivierte so ein Stück Land (vgl. Koh 2,5). Der Garten ist ein Ort der Lebensfülle, des geordneten und gesicherten Daseins. Der Name des Gartens »Eden«, d.h. »Wonne« drückt genau das aus. Im Anlegen eines Gartens symbolisierte der altorientalische König seine ordnende Aufgabe und Verantwortung, den aus dem Chaos ausgegrenzten Kosmos seines Reiches zu bewahren. Wenn nun der Mensch die Aufgabe zugewiesen bekommt, den Gottesgarten zu bebauen und zu bewahren, kommt ihm eine königliche Aufgabe zu. Das »bewahren« deutet darauf hin, daß es im Sein-Sollen des Anfangs nicht um die harte Feldarbeit mit Hacke und Spaten geht, sondern der Mensch erhält einen Kulturauftrag. In seine Verantwortung wird die Bewahrung der geschaffenen Ordnung gestellt. Erst als der Mensch dieser Aufgabe nicht gerecht wird, weil er die gesteckten Grenzen durchbricht, wird er aus dem Gottesgarten entfernt und zur Feldarbeit voller Mühsal und »im Schweiße seines Angesichts« (Gen 3,17–19) gezwungen. Die königlich ordnende Kulturarbeit wird durch die harte bäuerliche Erwerbsarbeit abgelöst. Die Ausübung von Gewalt verstärkt sogar noch das Mühevolle und Erfolglose der Arbeit (Gen 4,12). Auch außerhalb des Paradieses gehört die Arbeit zu den Wesensbestimmungen des Menschen. Das Lästige, Schweißtreibende, Belastende, Mühsame und Erfolglose menschlicher Arbeit allerdings wird als nicht schöpfungsgemäß gezeichnet. In der gottgewollten geordneten Gegenwelt des Gartens, im »Paradies«, ist von Mühe des Gärtnerns nicht die Rede. Der Name Noachs, des Gerechten, in dem die Schöpfung »ursprünglich«, d.i. unverfälscht, bewahrt wird, findet in Gen 5,29 eine Erklärung, wo er von rû^{a}ḥ »Ruhe« abgleitet wird: »Er wird uns aufatmen lassen von unserer Arbeit und von der Mühe unserer Hände um den Ackerboden, den der Herr verflucht hat«. Der Kulturauftrag gehört zum So-Sein des Menschen, die Mühe der Arbeit hingegen zum Nicht-Sein-Sollenden.

Der folgende Blick in den ersten Schöpfungsbericht bestätigt die königliche Verantwortung des Menschen für die Bewahrung der Schöpfung Gottes ebenso wie die königliche Bestimmung des Menschen. Dazu ist auf den Zusammenhang von Gottesbildlichkeit und Herrschaftsauftrag einzugehen.

2. Gottesbildlichkeit und Herrschaft – der königliche Mensch

Daß von der Gottebenbildlichkeit nicht schon im Kapitel über die Schöpfung die Rede war, ist durchaus mit Absicht geschehen. Allzu oft wird die Gottebenbildlichkeit als das entscheidende Moment der Anthropologie des Alten Testaments gesehen. Der Mensch sei in der Schöpfung in einer qualitativen Gottähnlichkeit ausgestaltet worden, nach dem Bilde Gottes als Krone der Schöpfung herausgehoben. Die Gottähnlichkeit wird seit den Kirchenvätern und der Philosophie des Mittelalters meist in der Vernunftbegabung, der Sprachfähigkeit oder abstrakter der Kulturalität des Men-

schen gesehen. Wenn das Verhältnis von Gott und Mensch als wesenhafte Ähnlichkeit verstanden wird, ist die Vorstellung einer engen Beziehung von Urbild und Abbild dabei leitend. Das Erschrecken über die wesenhafte Ähnlichkeit zwischen dem zum Genozid fähigen, die Schöpfung mißachtenden und durch Leid und Krankheit erniedrigten Menschen und dem unveränderlichen, allmächtigen und thronenden Gott führt dann meist schnell zur Abschwächung der Gottebenbildlichkeit: »Die Natur hat Vollkommenheit, um zu zeigen, daß sie das Bild Gottes ist, und Mängel, um zu zeigen, daß sie nur sein Bild ist« (Blaise Pascal). Eng wurde die Gottebenbildlichkeitsaussage mit dem Herrschaftsauftrag verknüpft. »Der Mensch ist daher ein kleiner Gott in seiner eignen Welt« (Gottfried Wilhelm Leibniz). Die angesichts des Willens zur bedingungslosen Naturbeherrschung verständliche Kritik verstand daher auch die Gottebenbildlichkeitsaussage als selbstherrlichen Größenwahn eines verantwortungslosen Menschen, der sich zur Krone des Universums gottgleich aufspielt. So reicht die Spannung in der Rezeption dieser wichtigen theologischen Aussage von totaler Ablehnung bis zu überhöhender Vereinnahmung. In ihrer Bedeutung für die Theologie ist die Gottebenbildlichkeitsaussage kaum zu unterschätzen. Der Systematiker Leo Scheffczyk schreibt beispielsweise: »Als höchstqualifizierte Offenbarungsaussage über den Menschen und wegen der damit gegebenen Fülle an schöpfungstheologischen, christologischen, gnadentheologischen und eschatologischen Implikationen bedarf die Gottebenbildlichkeit einer besonderen systematischen Aufarbeitung, der auch die Aufgabe obliegt, den Abbild-Begriff wirklichkeitsnah zu vermitteln«[19].
In der Wertschätzung der Aussage allerdings liegt zugleich die Gefahr, die Aussage des Alten Testamentes nicht vom Ursprung, sondern sozusagen »von hinten« zu verstehen. Denn wie beim Bilderverbot hebt sich die Rezeption bei der Gottebenbildlichkeit vom Ursprung ab, weshalb es zur Unterscheidung Sinn macht, von Gottesbildlichkeit statt Gottebenbildlichkeit im ersten Schöpfungsbericht zu reden. Ziel der Aussage in Gen 1,26-28 ist nämlich *keine wesenhafte Ähnlichkeit*, sondern eine funktionale. Das machen die dort verwandten Bildbegriffe deutlich, denen es weniger um den Abbild- als um den Repräsentationsaspekt geht. Für das »ein Bild, das uns gleich sei« der Einheitsübersetzung von Gen 1,26 stehen im hebräischen Text zwei Bildbegriffe *ṣælæm* und *d^{e}mût*, die sich gegenseitig erläutern. Der erste Begriff ist am ehesten als »Repräsentationsbild« wiederzugeben. Damit ist z.B. eine Statue des Herrschers gemeint, die aufgestellt wird, um ihn an einem Ort zu repräsentieren. *d^{e}mût* hingegen bringt eine funktionale Ähnlichkeit zum Ausdruck. Vielleicht wird mit dem zweiten Begriff und seiner syntaktischen Einbindung durch die vergleichende Präposition »wie« sogar bewußt eine die Identität dämpfende Distanz zwischen Bild und Abgebildetem eingetragen. Dafür würde auch der sonst nicht verwendete Plural (»laßt uns« und »das uns gleich sei«) auf seiten Gottes sprechen. Gott schafft den Menschen demnach in eine funktionale Ähnlichkeit zu sich selbst hinein. Der Mensch soll Repräsentant oder Stellvertreter Gottes auf

Erden sein. Die Gottesbildlichkeitsaussage ist aus der altorientalischen Königsideologie heraus zu verstehen. So gilt der ägyptische König aufgrund seines Amtes als Bild Gottes. Ihm kommt die Aufgabe zu, Abbild des Schöpfergottes, Bewahrer der Ordnung, Aufrechterhalter des Kosmos gegenüber dem Chaos, Schützer der Lebensordnung, Anwalt der Schwachen und Beschützer der Armen zu sein. Die Aufgaben seines Königtums lassen sich in dem Begriff »Bild Gottes« bündeln. In Gen 1 wird diese Vorstellung demokratisiert, d.h. auf alle Menschen übertragen. Der Mensch ist als Mandatar, Stellvertreter oder Repräsentant Gottes geschaffen, und damit kommen ihm bestimmte Verantwortlichkeiten und Aufgaben zu. Diese formuliert der sich direkt anschließende Segen mit dem Herrschaftsauftrag (Gen 1,28), der sich damit in einem ganz anderen Licht darstellt. Auch wenn ein gewalttätiger Aspekt in dem »unterwerfen« nicht ganz zu leugnen ist, geht es in dem Beherrschen der Mitwelt keinesfalls um eine bedingungslose Naturbeherrschung oder die gewalttätige Unterdrückung der Mitgeschöpfe. Im Gegenteil! Vom ursprünglichen Kontext her ist die Aufgabe des Menschen eine bewahrende, eine das in den wilden Tieren präsente Chaos zurückdrängende und die in der Schöpfung gesetzte heilvolle Ordnung erhaltende Dominanz. Die Mitwelt ist in die Verantwortung des Menschen gegeben. Der Mensch hat Sorge dafür zu tragen, daß die von Gott der Schöpfung eingestiftete Ordnung nicht zusammenbricht, Gewalt sich nicht Bahn bricht und Verantwortungslosigkeit nicht Raum greift. Der Auftrag des Menschen ist damit noch umfassender als in dem zweiten Schöpfungsbericht.

Die Gottesbildlichkeit begründet ein bewahrendes und verantwortliches Verhältnis des Menschen gegenüber der Schöpfung Gottes. Zugleich formuliert sie eine königliche Würde des Menschen, die den Menschen zwar nicht zum Zentrum oder Mittelpunkt der Schöpfung macht, ihn aber doch aus der Mitwelt heraushebt. Der in der Aussage parallele Ps 8 bringt genau diesen Aspekt des Mensch-Seins zum Ausdruck (Ps 8,6f). Auch hier steht das Bild des Königs im Hintergrund, der die Feinde seines Reiches als Schemel unter seine Füße gelegt hat, um so die aufrechterhaltene Ordnung zu symbolisieren. Indem dem Menschen als Sachwalter Gottes die Aufgabe der Bewahrung der Schöpfung zugedacht wird, zeigt sich Mensch-Sein im Alten Testament unlösbar mit Verantwortung verknüpft. Daß sich daraus ein Ethos ableiten läßt, das den Einsatz für die Schwachen und an den Rand Gedrängten als Aufgabe des Menschen beschreibt, ist einsichtig, auch wenn sich dieses Ethos nicht auf die Gottesbildlichkeitsaussage stützt (z.B. Ijob 31,13–15; Spr 17,5; 22,9.22f; Jer 22,16 u.ö.)

3. Alles Tun ist Windhauch und doch sinnvoll

In beiden Schöpfungsberichten war dem Menschen eine Verantwortung zugewiesen worden, die auf die Bewahrung der Schöpfung gerichtet war und zur Kulturgestaltung führen sollte. Diese Aspekte entfaltet die Urgeschichte (Gen 1,1–11,27) weiter. Der Mensch benennt die ihn umgebende Welt (Gen 2,19f), baut Städte (Gen 4,17; 11,4f), die im altorientalischen Verständnis Zentren der Ordnung sind, entdeckt die zweckfreie Kunst (Gen 4,21), erlernt Kulturtechniken (Gen 4,22; Gen 9,20), bevölkert die Welt (Gen 10) und übt so Herrschaft aus. Doch die Naturbeherrschung hat ihre Grenzen in der übergeordneten Instanz des Schöpfergottes (Gen 11). Nicht daß damit die Freiheit des Menschen aufgehoben wäre, aber der Mensch ist *vom Anfang her* durch den Herrschaftsauftrag und den Segen in die Verantwortung gegenüber dem Schöpfer gestellt. Er kann sich autonom gegen den Willen Gottes entscheiden, muß aber – bei grundsätzlicher Bewahrung durch den Schöpfergott (Gen 3,21; 4,1; 4,15; 6,18f; 8,22; 9,11) – die Konsequenzen tragen (Gen 3,16–19; 4,11f; 6,11–13; 9,6). Im Heilswillen Gottes und in seiner weisheitlichen Ordnung sind dem Menschen Grenzen gesetzt. Gerade die späte Weisheit erkennt in der Unergründbarkeit der Schöpfungsordnung eine Begrenzung des Menschen. So entfaltet Ijob 28 die Naturbeherrschung des Menschen in beeindruckender Klarheit am Beispiel des Bergbaus und der Erschließung von Bodenschätzen. Trotz der mit großer Anerkennung geschilderten Kulturleistung wird die Weisheit als Welt- und Schöpfungsordnung dagegengestellt, die in ihren Tiefen verhüllt und unentdeckt bleibt (vgl. Ijob 28,23). Allem gestaltenden und herrschenden Tun des Menschen bleibt Gott vorgeordnet. Der Auftrag des Menschen, das »Gute« der Schöpfung zu bewahren, bleibt auch dann bestehen, wenn die Grenzen der Erkenntnis des Menschen seine Autonomie und Herrschaft einschränken (vgl. Sir 38,24–34, allerdings schon erkennbarer mit Orientierung an der Klassengesellschaft). Daß aus der Unerkennbarkeit der Ordnung nicht Beliebigkeit folgt, zeigt auch die tiefgehende Reflexion über die Möglichkeiten menschlichen Tuns bei Kohelet (Koh 6,7). Das sichere Ende des menschlichen Lebens steckt den Entfaltungsmöglichkeiten des Einzelnen enge Grenzen. Der Mensch kann nichts über den Tod hinaus retten, weder Einsicht noch Reichtum. Damit ist zwar alles Tun »Windhauch« (Koh 1,14; 2,11 u.ö.), d.h. vergänglich und begrenzt, doch damit keinesfalls sinnlos. Aus der relativen Vergeblichkeit des menschlichen Tuns folgt nicht die resignative Tatenlosigkeit (Koh 9,10). Das Hier-und-Jetzt ist dem Menschen zur Gestaltung aufgegeben. In seiner Begrenzung gelingt es aber dem Menschen nicht, Gottes Ordnung ganz zu durchschauen. Daraus folgt die Unverfügbarkeit Gottes und der Zeit einerseits und die Unverfügbarkeit menschlichen Glücks andererseits. Kohelet entwickelt daraus seine anthropologische »Philosophie« eines *carpe diem* (Koh 3,10–13; 5,17; 8,15f). Dem Menschen kommt Glück von der Schöpfung her zu. Er kann sich dieses Glück nicht machen, aber er kann es leben, indem er es als Geschenk Gottes annimmt. Auch hier wird durch die je größere Weisheit Gottes der Mensch nicht aus der Verantwortung und Autonomie herausgenommen, aber in eine grundlegende Ausrichtung auf Gott hineingenommen (Koh 2,14; 3,11.14; 5,19). Insbesondere ist das Handeln des Menschen an seine

Vernunft zurückgebunden (Koh 7,2.16–20; 8,1.5f; 9,16–18). Kohelet ist – wie der alttestamentliche Mensch überhaupt – kein Pessimist. Das Leben ist – wenn auch und vom sicheren Ende gezeichnet und keinesfalls rosig – trotzdem schön. Die Schönheit nimmt den Menschen in die Verantwortung, sein Leben zu gestalten.

4. Zeit haben und Aufhören

Man sage nicht: Wozu dies, wozu das?
Denn alles ist für seinen besonderen Zweck bestimmt.
Man sage nicht: Dies ist schlechter als das.
Denn alles ist zu seiner Zeit von Wert.

Sir 39,21

Das Phänomen der Zeit ist zu komplex, um erschöpfend aufgerollt zu werden. Hier soll es nicht um Chronologie oder Zeitbeobachtung und -messung gehen, sondern nur um einige Aspekte der Zeit des Menschen. Zeit ist für den alttestamentlichen Menschen eine konkrete, nicht eine abstrakte Größe. Der Mensch ist in eine Ordnung der Zeit hinein geschaffen. Am ersten Tag trennt Gott Licht und Finsternis (Gen 1,3–5), initiiert so den Wechsel von Tag und Nacht als Grundrhythmus der Zeit. Am vierten Tag erschafft er die Gestirne, die zur »Bestimmung von Festzeiten, von Tagen und Jahren dienen« sollen (Gen 1,14). Am siebten Tag schließlich vollendet Gott die Schöpfung, *indem* er ruht. Gott gibt so den Rhythmus der Woche im 6:1 Verhältnis von Arbeit und Ruhe vor. Ist schon in den Festzeiten das Durchbrechen des Immergleichen und die Aussonderung einer besonderen Zeit genannt, so wird mit der Woche und dem Wechsel von Arbeit und Ruhe ein Rhythmus geschaffen, der nicht von der Natur vorgegeben ist. *Zeit* ist gegeben, will aber auch gestaltet werden. Das »Aufhören« ist schöpfungsgemäß, ja es gehört nach Auffassung des ersten Schöpfungsberichtes unlösbar dazu. Israel hat den Wechsel von sechs Arbeitstagen und einem Ruhetag (Ex 23,12; 34,21) zum Wochensabbat und zum identitätsstiftenden Rhythmus ausgebaut (Dtn 5,12–15; Ex 20,8–11; Ex 31,13–16 u.ö.). »Mehr als Israel den Sabbat bewahrt hat, hat der Sabbat sie bewahrt« (Acham Haam). Dabei ist das Aufhören mehr als nur die erholsame Arbeitsfreiheit. Die Feier des Sabbats nimmt die Vollendung der Schöpfung im Aufhören vorweg. Im Sabbat kehrt in die Schöpfung Ruhe ein und das Sein-Sollen der Welt tritt gegenüber dem So-Sein zeichenhaft hervor. Mühsal und Anstrengung, Naturbeherrschung, Gewalttat und Unterdrückung werden ausgesetzt, und Ruhe, Wohlergehen und Frieden legen sich über die Schöpfung. Im Sabbat kommt die Schöpfung zu sich und zu Gott. In der Entlastung durch die Arbeitsfreiheit richtet sich der Mensch auf Gott und dessen Ordnung, die die natürliche (Zeit-)Ordnung übersteigt, aus. Der Sabbat ist Heiligung (Ex 16,23; 20,8.11; 31,14f u.ö.), d.h. eine Aussonderung aus dem Profanen, in der die Heiligkeit Gottes in besonderer Weise erfahrbar wird. Der Sabbat ist daher in Ex 31,13; Ez 20,12 als Zeichen des Bundes Gottes mit den Israeliten verstanden.

Der Mensch ist hineingeschaffen in die Zeit, die er durch Sabbat und Feste gestaltet. So wie die Arbeit zu den anthropologischen Konstanten gerechnet werden konnte, wird auch das Aufhören zum Mensch-Sein hinzugezählt. Neben dieser grundlegenden Zeitordnung bestimmt das Wissen um die Unverfügbarkeit der menschlichen Lebenszeit das Nachdenken über die Zeit.

Zur Zeit des Alten Testamentes betrug die durchschnittliche Lebenserwartung des Menschen etwa 50–60 Jahre. Wenn ein Levit seinen Priesterdienst mit 50 Jahren beendete (Num 4,3.23.30; 8,25 u.ö.), näherte er sich mit dem »Rentenalter« auch dem Durchschnittsalter. Wie heute auch galt ein Hundertjähriger als Besonderheit (Sir 18,9), was Jes 65,20 als freudige Erwartung für die Endzeit zum Ausdruck bringt. Gen 6,3 schreibt die Maximalausdehnung des menschlichen Lebens mit 120 Jahren fest. Wenn danach in Ur-, Väter- und Volksgeschichte Menschen deutlich älter werden, spielt das weniger auf ein reales Alter an. Vielmehr wird die Begrenzung bis zum Tod des Mose, der mit 120 Jahren verscheidet (Dtn 34,7), immer wieder überschritten. Durch den Bezug beider Stellen aufeinander wird eine mythische Setzungszeit eingeklammert. Ebenso sind die hohen Altersangaben in der Urgeschichte und bei den Erzeltern nicht an einem realistischen Zeitmaß gemessen. Die genaue Bedeutung der Altersangaben entzieht sich allerdings nach wie vor einer schlüssigen Erklärung. Recht realistisch dagegen ist die Angabe der Lebenszeit in Ps 90,10: »Unser Leben währt siebzig Jahre, und wenn es hoch kommt, sind es achtzig« (vgl. 2 Sam 19,33.36). Alt und lebenssatt zu sterben war eine Auszeichnung (Gen 25,8; 1Chr 29,28; Jdt 16,23; 2 Makk 6,18), zumal die Altersbeschwerden durchaus präsent waren. So etwa Gebrechlichkeit (1 Sam 4,18; 1 Kön 15,23; Koh 12,1.3; Sach 8,4), Altersblindheit (Gen 27,21; 48,10; 1 Sam 3,2; Koh 12,3), Schwerhörigkeit (Koh 12,4) oder Kurzatmigkeit (Koh 12,5). »Verwirf mich nicht, wenn ich alt bin, verlaß mich nicht, wenn meine Kräfte schwinden«, betet der Alte in Ps 71,9. Das Alter genoß eine besondere Wertschätzung (Ijob 32,7; Sir 3,12; 32,3), und Altersweisheit war sehr geachtet (Ijob 12,12; Spr 16,31). Dennoch zeigt das dekalogische Gebot der Elternehrung (Ex 20,12; Dtn 5,16) die schwache Position älterer Menschen in der Gesellschaft im Hintergrund an (vgl. Lev 19,3; Dtn 27,16; Spr 19,26; 28,24; 30,17 u.ö.). Ein soziales Versorgungssystem gab es nicht, so daß die einzige Möglichkeit der Absicherung der Familienverbund war.

Wie schon im Abschnitt über die Vergänglichkeit des Menschen festgehalten, gehört die Unverfügbarkeit der Lebenszeit zu den Grundpfeilern des Nachdenkens über die Zeit des Menschen. »Man kann nichts hinzufügen und nichts abschneiden« (Koh 3,14), ist die Erkenntnis Kohelets, für den entsprechend »alles seine Zeit hat« (vgl. Koh 3,1–8.17). Und Ps 90, der wohl am stärksten mit Zeitreflexion durchsetzte Psalm, formuliert nach dem

Blick auf die Relativität der menschlichen Zeit: »Uns're Tage zu zählen, lehre uns!« (Ps 90,12). Die Einsicht in die Unverfügbarkeit der Zeit wird als Weisheit begriffen, die zur Anerkenntnis Gottes führt. Dies nahezu umsetzend, markiert der nachexilische Ps 39 die Zeitreflexion als Ausgangspunkt eines Gottesverhältnisses, das die *conditio humana* ganz und gar ernst nimmt. In dem schroffen Gegensatz zwischen der zeitumspannenden Unvergänglichkeit Gottes und der begrenzten Lebenszeit des Menschen erfährt der Beter von Ps 39 die zuverlässige Dauerhaftigkeit Gottes als Hoffnungsgrund.

Der drastische Realismus des Psalms ist wiederum nur auf der Grundlage zu verstehen, daß mit dem Tod die menschliche Existenz ganz und gar vorbei ist. Die menschliche Anstrengung erscheint von daher – sofern dem kranken Beter nicht im Diesseits Gerechtigkeit widerfährt – als vergebliches Tun: Viel Lärm um Nichts. Hier wie in Koh 3,22; 5,14; 6,12; 7,14; 10,14 u.ö. wird darauf abgehoben, daß der Mensch nichts mitnehmen kann und nichts darüber wissen kann, was nach ihm sein wird. Des Menschen Hoffnung richtet sich nicht auf ein Jenseits, sondern auf seine zeitgebundene Existenz. Erst mit der Hoffnung auf die Auferstehung, in der die Gottesbeziehung dauerhaft Heil gegenwärtig macht, ändert sich diese Grundlinie der Zeitreflexion des Menschen.

E. Die Hoffnung des Menschen im Land der Lebenden

Wer weiß, ob der Atem der einzelnen Menschen wirklich nach oben steigt, während der Atem der Tiere ins Erdreich hinabsinkt?

Koh 3,21

Aufgrund der begrenzten Erkenntnis des Menschen, der über ein »danach« keine sichere Aussage machen kann, ist die zitierte Frage nicht zu beantworten. Die Hoffnung des Menschen richtet sich zunächst auf die diesseitige Welt und erst allmählich auf die Überwindung der Todesgrenze. Beide Male setzt die Hoffnung auf die Erfahrung göttlicher Barmherzigkeit einerseits und die Durchsetzung göttlicher Gerechtigkeit andererseits. Der mit Krankheit, Leid und Lebensminderung geplagte Mensch erhofft sich die Restitution in Fülle und gelingendes Leben. Vom Inhalt her ist diese Hoffnung zunächst nicht verschieden, ob sie sich nun auf das Diesseits oder das Jenseits richtet. Je stärker aber die Erkenntnis reift, daß Gott hier auf Erden seine Gerechtigkeit nicht durchsetzt, daß es dem schlecht Handelnden durchaus ein Leben lang gut gehen kann und auch das Leben des gottesfürchtigen Weisen vom Leid gemindert sein kann, je stärker die Erkenntnis der Begrenzungen des Diesseits wird, desto mehr Raum gewinnt die Vorstellung, daß es ein »danach« gibt. Hinzu kommt, daß mit der Vorstellung, daß Gott der Herr über Leben *und* Tod ist, zugleich die Hoffnung wächst, daß er die Grenze des Todes durchbricht. »Der Herr macht tot und lebendig, er führt zum Totenreich hinab und führt auch herauf« (1 Sam 2,6; vgl. Spr 15,11; Weish 16,13, vgl. Tob 13,2). Mit der Herausbildung des Monotheismus in spätvorexilisch-exilischer Zeit, dehnt sich der Machtbereich JHWHs mehr und mehr auf den Scheol aus. Wie aber kommt es dann zur Jenseitshoffnung und zur Hoffnung auf die Auferstehung? Setzen wir noch einmal bei Koh 3,21 ein.

1. Himmel

Im Abschnitt über die Vergänglichkeit war herausgestellt worden, daß der Mensch nach dem Tod in die Unterwelt hinabsteigt und dort dauerhaft verbleibt. »Land des Staubes« und »Land ohne Wiederkehr« waren die Schlüsselmetaphern. Die Frage Kohelets setzt dagegen voraus, daß dem Menschen ein anderes Schicksal beschieden ist. Die hellenistische Auffassung von der himmlischen Wohnstätte der Seelen mischt sich mit dem Gegenbild der *Un-*

*ter*welt, das in der lokal entgegengesetzten Richtung verortet wird. Die Vorstellung des Himmels als Aufenthaltsort der Seelen ist dem Alten Testament fremd. Der Himmel hat zunächst nur kosmologische und meteorologische Bedeutung. Die Bevölkerung des Himmels über die Himmelskörper hinaus setzt erst relativ spät ein. Wenn auch Gott schon zur Zeit des ersten Tempels (wie im gesamten Alten Orient) im Himmel verortet wurde (Gen 19,8; Dtn 26,15; Jes 6 u.ö.), beginnt doch mit der Zerstörung des ersten Tempels 587 v. Chr. eine »Himmelskompensation«, in der JHWH immer weiter in den Himmel rückt (1 Kön 8,30.39.43.49; Jes 63,15// Ps 80,15; Jes 66,1; Ps 76,9 u.ö.). Der Mensch allerdings sieht im Himmel nicht das Ziel seiner Lebensreise, sondern der Himmel steht geradezu für Unerreichbarkeit (Dtn 30,12; Ps 139,8; Ijob 20,6; Spr 30,4 u.ö.). Daran ändern auch Henoch und Elija nichts, die als herausgehobene Einzelschicksale in den Himmel entrückt wurden (Gen 5,24 ohne örtliche Präzision und 2 Kön 2 mit ausdrücklicher Erwähnung des Himmels). Erst in zwischentestamentlicher Zeit (vor allem im äthiopischen Henochbuch) setzt sich die Vorstellung durch, daß der Himmel Aufenthaltsort der Auferweckten ist.

2. Unsterblichkeit

Durch die Vertreibung aus dem Garten verhindert Gott die Unsterblichkeit des Menschen (Gen 3,22). Die späte, hellenistisch beeinflußte Rezeption dieses Verses versteht den Menschen als ursprünglich unsterblich erschaffen und die Sterblichkeit als Folge der Übertretung: »Gott hat den Menschen zur Unvergänglichkeit erschaffen und ihn zum Bild seines eigenen Wesens gemacht. Doch durch den Neid des Teufels kam der Tod in die Welt, und ihn erfahren alle, die ihm angehören« (Weish 2,23f; vgl. äthHen 69,11). Im Urteil noch krasser und aus einer einseitigen Lektüre von Gen 3 erschlossen, heißt es in Sir 25,24: »Von einer Frau nahm die Sünde ihren Anfang, ihretwegen müssen wir alle sterben.« Über das unfaßbare Leid, das die hinter dem Vers erkennbare und auf ihm fußende frauenfeindliche Sicht in die Welt gebracht hat, soll hier nicht gehandelt werden. Hier soll der Akzent auf der Annahme einer ursprünglichen Unsterblichkeit des Menschen liegen, die auch den altorientalischen Vergleichsmythen Gilgamesch und Adapa-Mythos nicht fremd ist. Diese Unsterblichkeit wird *nicht* (etwa mit Bezug auf Gen 2,7) auf einen Teil des Menschen, also eine »Geistseele« bezogen (s. dazu o. Abschnitt C). Die Sterblichkeit des Menschen wird zu dem Nicht-Sein-Sollenden und ursprünglich nicht Wesensgemäßen gerechnet. Das bezieht sich in Gen 3,22 weniger auf die abstrakte Vorstellung von einer Unsterblichkeit als auf die enge Begrenzung des menschlichen Lebens. Erinnert sei an das »knapp an Tagen« (Ijob 14,1), das »schneller als das Weberschiffchen« (Ijob 7,6) oder das »wir fliegen dahin« (Ps 90,10).
»Kurz und traurig ist unser Leben«, »der Leib zerfällt zu Asche« und »unsere Zeit geht vorbei wie ein Schatten« sind Kernsätze aus der Passage Weish

2,1–5, die noch einmal die Folie spiegelt, auf der die Unvergänglichkeitsaussage von Gen 3,22 zu reflektieren ist. Nur daß hier schon die Ansicht der Frevler zitiert wird, von der es sich abzusetzen gilt. Denn in der Weisheit Salomos im späten 1. Jh. hat sich die Vorstellung von einer unsterblichen Seele, die im gesamten Alten Testament sonst keine Rolle spielt, bereits durchgesetzt. »Die Seelen der Gerechten sind in Gottes Hand«, heißt es Weish 3,1–5. Nur in den Augen der Toren gelten sie als gestorben, aber »sie sind in Frieden«.

Bis zu dieser deutlichen Auferweckungshoffnung geht es im Alten Testament um die Fortsetzung des irdischen Lebens in einem »ewigen Leben«. Das Jenseits steht in enger Korrelation zum Diesseits.

3. Der Tod des Todes

Die Frage nach der Entwicklung der individuellen und allgemeinen Auferstehungsvorstellung ist nicht leicht zu beantworten. In jüngerer Zeit beginnt man sich in der Forschung wieder stärker mit den Vorstufen der Entwicklung auseinanderzusetzen, aber das Tal des Todes ist nicht so leicht mit dem Licht der Lebenden aufzuhellen. Das hat viele Gründe. Zum einen verschwimmen die Grenzen zwischen Leben und Tod durch die ganzheitliche Sicht des Lebens und der Vorstellung des Todes als totaler Beziehungsferne in der diesseitigen Welt. Zum anderen ist in den Psalmen nicht leicht zwischen der Restitution und Fortsetzung des Lebens und der Vorstellung der Auferstehung zu unterscheiden. Sicher ist nur der Endpunkt der Entwicklung, der in Jes 26,19; Dan 12,2 und 2 Makk 7,9 erreicht ist, wo die Auferstehung ausgewählter Gerechter eindeutig zum Ausdruck kommt. Den zu früh im Glaubenskampf gestorbenen »Märtyrern« war ein Lohn im irdischen Leben versagt. In der Auferstehung der Gerechten wird ihnen der Lohn für ihr gutes Tun zuteil. Es ist keine Frage, daß diese ab dem ausgehenden 4. Jh. entwickelte Vorstellung auch im Alten Testament schon Vorläufer haben muß. Drei Stränge scheinen wichtig, die aber hier nur angedeutet werden können[20]: (1) Die Erzählungen von der Erweckung von Einzelpersonen in der Elischatradition (2 Kön 4,18–37) und von da aus in der Elijatradition (1 Kön 17,17–24). Dort geht es um die Fortsetzung des Lebens, ohne daß der Tod am Ende überwunden wäre. (2) Die exilisch-nachexilisch entwickelte kollektive Hoffnung auf Restitution des zerschlagenen Volkes Israel (Ez 37,1–14; Hos 6,1–3; Jer 30f u.ö.), die mehr und mehr mit der Vorstellung einer Neuschöpfung des Menschen bzw. Israels (Jer 31,31–34; Ez 11,19; 36,26 u.ö.) und dann mit der Neuordnung der Welt in der Neuschöpfung verbunden wird (Jes 65,17f; 66,22 u.ö.) (3) Rettungserfahrungen Einzelner in den Psalmen. Die Beter wähnten sich in der Erfahrung der Bedrängung und Gottferne bereits tot und in der Unterwelt und führen ihre Wiederherstellung auf das Eingreifen Gottes zurück (Ps 30,4; 88,10–14 u.ö.). Der Übergang zu einer »Wiederherstellung« *nach dem*

Tod ist gerade in diesen Stellen fließend (Ps 22,28–32; 49,10.16–20). Auch Aussagen gelungenen Lebens gehören in diese Linie. Wenn der Beter von Ps 16,9f freudig ausruft: »Darum freut sich mein Herz und frohlockt meine Seele; auch mein Leib wird wohnen in Sicherheit. Denn du gibst mich nicht der Unterwelt preis; du läßt deinen Frommen das Grab nicht schauen«, dann ist dies nicht auf ein Jenseits bezogen, in das der Fromme nach seinem Tod auferweckt würde. Es geht weniger um »ewiges Leben« (wobei unser »ewig« dem Alten Testament sowieso fremd ist), sondern um eine Restitution, die mit der Herstellung von Gerechtigkeit verbunden ist. Es geht um die Vorstellung geglückten Lebens, die mit der Erwartung der Teilhabe am Göttlichen verbunden wird. Wohl ab dem ausgehenden 5. Jh. verbindet sich diese Teilhabe immer stärker mit einer nachtodlichen Vorstellung. Die Vollendung zielt dann, wie Ps 73,23f formuliert, auf die Aufnahme bei Gott. Mit dieser Vorstellung schließt sich der Kreis hin zur Todesvorstellung. Tod war als das Hineingestoßen-Werden in die Beziehungsferne gedeutet worden. Wenn der Beter seine Beziehung zu Gott oder Gott die Beziehung zum Beter so intensiviert, daß sie dauerhaft Bestand hat, dann findet der Tod nicht statt. Die Nähe Gottes ist der Tod des Todes. Die Hoffnung des alttestamentlichen Menschen richtet sich auf die beglückende und heilende Gottesnähe (Ps 37,7; 38,16; 42,6.12; 43,5; 130,6; 131,3; Klgl 3,24 u.ö.). Gelungenes Leben findet in der Gottesgegenwart statt. Dann fällt der Schatten des Todes nicht auf das Land der Lebenden (Ps 27,13; 142,6). Das Beispiel Ijobs, der vielleicht an den Anfang der Auferstehungshoffnung gehört, kann das abschließend unterstreichen. Ijob bekennt in Ijob 19,25–27: »Ich weiß: mein Erlöser lebt«. Er bringt die Hoffnung zum Ausdruck, ihn mit den Augen leibhaftig zu sehen.

Der Wunsch nach der Gottesschau *ist* die Vollendung, die hier nicht als Leben nach dem Tod konkretisiert wird. Ijob tritt durch die Schau in eine Unmittelbarkeit zu seinem Schöpfer ein, die die Beziehung zu diesem ganz und heil sein läßt. Da die Krankheit und das Leid Ausdruck der Beziehungsferne waren, wird die körperliche Integrität in der Gottesnähe wieder hergestellt. *Das* ist die Sehnsucht des exemplarischen Menschen Ijob: Gott ganz nah zu sein.

Neues Testament

Oda Wischmeyer

A. Wie begegnen Menschen in den neutestamentlichen Schriften?

In den neutestamentlichen Schriften begegnen überall und in den verschiedensten Zusammenhängen Menschen. Denn die neutestamentlichen Schriften sind Schriften an und für Menschen, und sie handeln von Menschen. Genauer gesagt: Die Menschen sind das Thema aller neutestamentlichen Schriften. Wenn wir fragen, wie Menschen in den neutestamentlichen Schriften begegnen, erhalten wir einen ersten Eindruck von dem Menschenverständnis der Verfasser und den unterschiedlichen menschlichen Lebenswelten, die die Verfasser der neutestamentlichen Schriften wahrnahmen und gestaltet haben. Insofern dringen wir mit dieser Fragestellung tief in die neutestamentlichen Schriften ein.

1. Die neutestamentlichen Schriften als Schriften über und für Menschen

Die Menschen lassen sich zuerst nach ihrer Herkunft erfassen und beschreiben. Eine andere Beschreibungsmöglichkeit geht von ihren natürlichen Merkmalen, wieder eine andere von ihrem Status und von ihrem Tun aus. Alle Beschreibungsmöglichkeiten lassen sich kombinieren, meist werden nur zwei oder drei, manchmal nur ein Erscheinungsmerkmal, nämlich der *Name*, genannt.

1.1 Namen

Der Mensch erschließt sich vom Namen her. Der Name gehört zur Person, kennzeichnet und individuiert sie. Daher ist die Namensgebung wichtig. Das wichtigste neutestamentliche Beispiel für diesen Umstand ist die Geburtsgeschichte Jesu im Matthäusevangelium (Mt 1,18–25). Der Engel teilt Josef den Namen des Kindes mit, das Maria gebären soll: Jesus. Es handelt sich um einen sog. sprechenden Namen: »Denn er wird sein Volk von seinen Sünden erlösen«. Der Engel gibt eine Begründung aus dem Alten Testament (V. 23). Josef vollzieht die Namensgebung (V. 25). Bei Lukas tritt dieses Motiv zurück, ist aber vorhanden (Lk 1,31; 2,21). Dafür begegnet es schon bei Johannes dem Täufer (Lk 1,13), und zwar in sehr ausgeweiteter narrativer Gestalt (Lk 1,57–66).
Soweit die beiden großen Synoptiker. Was können wir dem Namen Jesus weiter entnehmen? Jesus ist eine gräzisierende Form von Jeschua/Josua. Ähnlich sind die Namen seiner Familie: Joseph, Mirjam, Jakob, Joses (=Joseph), Juda, Simon (Mk 6,3). Diese Namen sind alle biblisch und weisen auf

eine fromme Familie, die vielleicht den Pharisäern nahestand. Wir halten fest: Jesus hatte einen biblischen Namen.

Dasselbe gilt für Schimeon, gräzisiert Simon, genannt Kephas oder Petros, also für den erstberufenen Jünger Petrus, und für Schaul, genannt Saulos oder Paulos, den Apostel Paulus.

Petrus und Paulus tragen Doppelnamen, die ihre jüdische Herkunft (Schimeon und Schaul) und zugleich ihre hellenistisch-griechischsprachige Inkulturation anzeigen. Schimeon trägt einen sog. Spitznamen, der aber ein Ehrentitel ist. Er ist zunächst aramäisch: Kephas / Felsen und wird dann in der griechischen Form zu einem Eigennamen: Petros (Mt 16,15–18). Paulus benutzt beide Namensformen für den ersten Apostel. Schaul, gräzisiert Saulos, hat den zweiten Namen Paulos angenommen (Apg 13,9). Dieser Name ist die gräzisierte Form des römischen Gentilnamens Paulus. Wie Paulus zu diesem seltenen und nicht primär griechischen Namen gekommen ist, ist offen. Jedenfalls hat der Namenswechsel nichts mit seiner Christuserscheinung zu tun (schon Apg 9). Eher ist möglich, daß der Namenswechsel auf die Begegnung des Saulus mit Lucius Sergius Paulus zurückgeht. Sergius Paulus war 42 n.Chr. Prokonsul von Zypern. Apg 13,6–12 schildert den Predigterfolg, den Saulus bei Sergius Paulus hatte. Saulus kann sich durch die Namensveränderung zu Paulus als Klient des Prokonsuls bezeichnet haben. Dies würde dazu passen, daß er römischer Bürger war. Es kann sich aber auch um einen lediglich phonetisch benachbarten Zweitnamen handeln.

Die vielen anderen neutestamentlichen Namen können hier nicht alle vorgestellt werden. Wir beschränken uns daher auf die Namen zweier Gruppen: erstens der Auferstehungszeugen (1 Kor 15,5.7): Kephas und Jakobus (Herrenbruder), zweitens der sog. Zwölf (ebf. 1 Kor 15,5.7), deren Namen nicht einheitlich überliefert sind (nach Mk 3,13–19 par): Simon (Kephas) Petros, Jakobus und Johannes (Zebedäussöhne = *boanerges* / Donnersöhne), Andreas, Philippus, Bartholomäus, Matthäus, Thomas, Jakobus (Sohn des Alphäus), Thaddäus, Simon (Kanaanaios), Judas (Iskariot).

Auch hier finden sich Doppelnamen unterschiedlicher Art: weitere metaphorische Namen bei den Zebedaiden, jüdische Namen (›Sohn des ...‹) und Namen, die Ortsbezeichnungen enthalten und der Unterscheidung dienen (Simon). Jüdische und griechische Namen sind nebeneinander vertreten.

In eine andere Welt führt uns das 16. Kapitel des Römerbriefs. Paulus grüßt hier namentlich 27 römische Christen. Neben ihm grüßen acht Christen aus Korinth die römische Gemeinde. Wir haben also in diesem Grußkapitel 35 Namen. Hier eine Auswahl: Phoibe, Diakonin (*diákonos*) der Gemeinde von Kenchräa (griechischer Name); Priska und Aquila aus Rom (lateinische Namen); Juni*a* (V.7), Apostelin (*apóstolos*), Christin vor Paulus; Erastos (Stadtkämmerer in Korinth).

Zum Schluß sei ein kurzer Blick auf die unterschiedlichen Namensysteme der Antike gestattet: Der jüdische Name ist ein Personenname, der durch die Angabe des Vaters präzisiert werden kann: »Selig bist du Simon, Bariona« (Sohn des Jonas, Mt 16,17). Auch der griechische Name ist ein Personenname, dem der Name des Vaters oder des Herkunftsortes angehängt werden konnte (Aristoteles der Stagirite, d.h. aus Stageira). Der lateinische Name ist dagegen zusammengesetzt, und zwar sehr umständlich aus: Personenname / Gentilname (Name der *gens*, des Geschlechts) / Cognomen (Individualname): z.B. Marcus / Aemilius / Sextus. Sklaven hatten nur Individualnamen (Onesimus im Philemonbrief).

1.2 Genealogische Herkunft

Die zweite große Möglichkeit, einen Menschen vorzustellen, ist die Angabe seiner Familienherkunft. Dazu dient die Genealogie (*gens* / Sippe).
Wieder beginnen wir bei Jesus. Sowohl Matthäus als auch Lukas stellen Jesus von seiner Genealogie her vor. Das Matthäusevangelium läßt den Stammbaum Jesu mit Abraham beginnen und führt ihn in dreimal 14 Gliedern über David und Joseph bis zu »Jesus, der der Christus genannt wird« (Mt 1,16). Und diese Genealogie steht vor der Lebensgeschichte, die doch deutlich macht, daß Jesus ohne Zutun des Joseph geboren wurde. Jesus wird hier zunächst als der Sproß der großen Geschichte Israels vorgestellt und erst danach als »vom Geist empfangen« (Mt 1,20) eingeführt.
Anders verfährt Lukas. Am Schluß seiner ausführlichen Doppelgeschichte der Geburt und Kindheit Johannes des Täufers und Jesu bis zu seiner Taufe (Lk 1,1–3,22) führt Lukas Jesu Stammbaum über David bis auf Adam und auf Gott selbst zurück: »Der war ein Sohn Adams, der war Gottes« (Lk 3,38). Jesus ist hier mehr als der Sproß der Geschichte Israels, er ist Nachkomme Adams und leitet sich direkt von Gott her. Auch hier liegt eine theologische Pointe: Die Annahme Jesu als Gottes geliebter Sohn in der Taufe (Lk 3,22) wird scheinbar durch die genealogische Herleitung von Gott selbst her überboten. Es ist deutlich, daß beide Stammbäume, so unterschiedlich sie auch angelegt sind, doch dem Phänomen der göttlichen Geburt Jesu nicht gerecht werden. Andererseits ist Jesus ein Mensch und braucht Eltern: Maria und Joseph. Er ist aber nicht irgend ein Mensch, sondern der Messias. Als solcher braucht und hat er einen Stammbaum, der Ausdruck seines hohen Ranges ist. Priester und Leviten hatten »korrekt geführte Geschlechtsregister«[1], daneben natürlich die Könige. In deren Zusammenhang rückt Jesus für Lukas und Matthäus. Das Markusevangelium hat daran noch kein Interesse gehabt. Dort wurde Jesus ganz von seinem Vorläufer, dem Täufer Johannes, her verstanden.
Wir haben auch einen Hinweis auf einen Priesterstammbaum im Neuen Testament. Lukas teilt den priesterlichen Stammbaum des Vaters und der Mutter Johannes des Täufers mit (Lk 1,5).
Eine dritte Person im Neuen Testament, deren Herkunft wir kennen, ist wieder Paulus: »Denn auch ich bin ein Israelit, ein Nachkomme (*spérma*) Abrahams, aus dem Stamm (*phylé*) Benjamin« (Röm 11,1, vgl. 2 Kor 11,22). Paulus definiert sich hier von seiner jüdischen Stammeszugehörigkeit her, ohne allerdings seinen Vater und seine eigene Genealogie zu erwähnen.

Noch knapper geschieht dies im Philipperbrief: »Ich … bin aus dem Volk Israel, vom Stamm Benjamin ...« (Phil 3,5).

1.3 Geographische Herkunft

Herkunft ist stets auch ganz praktisch örtlich zu verstehen. ›Woher kommst du?‹ heißt die entsprechende primäre Erschließungsfrage. Daher ist es wichtig, woher Jesus kommt, nämlich aus Nazaret. Er heißt *ho Nazarenós* (Mk 1,24; 10,47 u.ö.). Nazaret war eine so kleine und unbedeutende Siedlung im südgaliläischen Bergland, daß diese Herkunft bald anstößig wurde. Das Lukasevangelium bietet daher die Bethlehemgeschichte an, um die Davidsohnschaft Jesu narrativ umzusetzen. Joh 1,45f zeigt, daß Nazaret als anstößig empfunden wurde. »Aus Nazaret? Kann von dort etwas Gutes kommen?«, fragt Nathanael, als ihm Philippus berichtet, Jesus aus Nazaret sei der, von dem Mose und die Propheten geschrieben hätten. Bethlehem ist demgegenüber ein königlicher Ort und ein Ort alttestamentlicher Verheißung.
In der Apostelgeschichte spielt die Herkunft des Paulus eine Rolle. Bei seiner großen Verteidigungsrede im Tempel nach seiner Verhaftung stellt sich Paulus zunächst dem römischen Offizier auf Griechisch und dann dem Volk auf Aramäisch folgendermaßen vor: »Ich bin ein Jude aus Tarsus in Zilizien, Bürger einer nicht unbedeutenden Stadt« (21,39). Dann: »Ich bin ein jüdischer Mann, geboren in Tarsus in Zilizien« (22,3). Damit macht er nach außen doppelt deutlich, daß er zivilisiert ist und Teil an der griechisch-römischen Kultur hat und nicht etwa ein barbarischer Aufrührer ist. Paulus selbst in seinen Briefen, die an christliche Gemeinden gehen, verwendet dieses Herkunftsmerkmal allerdings nicht.
Eine Herkunftsbezeichnung kann auch – wie schon bei Jesus – eher belastet sein. Das gilt auch für die Frau aus Syrophönizien (Mk 7,26), denn aus der Perspektive Israels ist sie Heidin aus dem nördlichen Küstengebiet. Deshalb weist Jesus sie scharf ab. Das gilt auch für alle Samaritaner, für die samaritanische Frau in Joh 4 ebenso wie für den Samaritaner in dem Gleichnis Lk 10,30–37. Ja es gilt sogar für Galiläa insgesamt, das als rückständig und provinziell gilt: »Du bist doch auch ein Galiläer« (Mk 14,70). Petrus verrät sich durch seinen galiläischen Dialekt.
Ganz allgemein kann die Ortsbezeichnung Namensbestandteil sein: Simon aus der Cyrenaika (Nordafrika) trägt das Kreuz für Jesus (Mk 15,21). Maria aus Magdala (Maria Magdalena) gehört zu den Frauen, die Jesus nahestehen (Mt 27,56, dort gibt es noch weitere Herkunftsbezeichnungen). Simon aus Kana haben wir schon als Apostel kennengelernt.

1.4 Religiöse Herkunft

Die Bezeichnung der religiösen Herkunft ist für Juden von zentraler Bedeutung. Paulus zitiert in Gal 2,15 einen Satz, den er Petrus bei dem antio-

chenischen Zwischenfall entgegengehalten hat: »Wir sind ... von Geburt Juden und nicht Sünder wie die Heiden.« Das ist sehr allgemein und grundsätzlich gesprochen. Im einzelnen gibt es viele Nuancen: »Da erhob sich im Hohen Rat ein Pharisäer namens Gamaliel, ein beim ganzen Volk geehrter Gesetzeslehrer« (Apg 5,34). Und Paulus sagt über sich selbst in Apg 23,6: »Ich ...bin ein Pharisäer und ein Sohn von Pharisäern.« In Phil 3,5 gebraucht er eine ganz ähnliche Wendung: »Ich ... bin ein Hebräer von Hebräern« (Phil 3,5).
So erfahren wir auch von einem Simon, der *zelotés* war, also ein Zelot, ein nationaler Kämpfer für Israels Freiheit (Lk 6,15; Apg 1,13), von den Hohenpriestern Annas und Kaiphas (Joh 18,13.24), aber auch von Magiern wie Simon dem Magier (Apg 8,9 u.ö.) und Barjesus, einem Magier und Pseudopropheten (Apg 13,6). Eine besondere Rolle in der synoptischen Tradition spielt ein Johannes mit dem religiösen Beinamen *ho baptistés* (Mt 3,7 u.ö.): Johannes der Täufer, von dem sich Jesus taufen ließ. Dieser Johannes ist für die synoptische Tradition so wichtig, daß Lukas ihm eine eigene Vorgeschichte widmet und seine genealogische Herkunft mitteilt (Lk 1,5; s.o.).

1.5 Soziale/politische Herkunft

Neben der religiösen Herkunft spielt die politische und soziale Herkunft eine große Rolle für das Verständnis der Menschen. Hier tut sich das ganze Feld der politisch-sozialen Wirklichkeit des 1. Jahrhunderts n.Chr. auf, zunächst in Israel, wie sie sich in den Evangelien spiegelt, dann im Imperium Romanum, dem Umfeld der Briefe des Paulus, der Apostelgeschichte und der Offenbarung des Johannes. Von Kaiser Augustus (27 v. bis 14 n. Chr.) über die syrischen Provinzialstatthalter und Präfekten von Judäa/Jerusalem bis zu den Königen der Herodesdynastie reicht die politische Welt Roms und seiner Provinzen und Klientelstaaten. Paulus erwähnt den nabatäischen Klientelkönig Aretas IV. (9 v. bis 40 n. Chr.) in Damaskus (2 Kor 11,32). Eine besondere Rolle spielt der Präfekt Pontius Pilatus (*praefectus Iudaeae* 26–36 n.Chr.), der Jesus hinrichten ließ. In diesen Zusammenhang gehören auch die römischen Offiziere, die in der Evangelientradition begegnen (Joh 4,46ff par Mt 8,5–13 par) und der Hauptmann unter dem Kreuz Mk 15,39.
Die soziale Herkunft wird ebenfalls zur Kennzeichnung der Menschen benutzt: ›Die Reichen‹ und ›die Mächtigen‹ werden in der Jesustradition, bes. im lukanischen Sondergut, getadelt, ja fast verworfen (Magnifikat Lk 1,51–53; Lazarus in Lk 16,20). Ähnliches trifft für Paulus zu (1 Kor 1,26–29). Auch der Jakobusbrief kann Gemeindeglieder einfach ihrem äußeren Reichtum nach verurteilen (Jak 2,2–6). Die Armen, besonders die Witwen, werden dagegen in der synoptischen Tradition auf ihr zukünftiges Heil hin angesprochen (Lk 6,20.21; Witwe Mk 12,42ff). In den Gemeindeordnungen der Pastoralbriefe werden Witwen zu einem eigenen christlichen Dienststand: 1 Tim 5,3–16. Die »Armen« sind von Anfang an Gegenstand

der christlichen Diakonie (besonders in der Kollekte des Paulus für die Jerusalemer Gemeinde; Gal 2,10: »... nur daß wir an die Armen dächten ...«). Eine besondere soziale Gruppe bildet die Menge der antiken Sklaven, die kein eigenes Rechtssubjekt, sondern Besitz ihrer Herrschaft waren. Wir haben schon Onesimus kennengelernt. *Dóulos* (Diener, Sklave) begegnet sehr häufig im Neuen Testament als soziale Bezeichnung, meist natürlich ohne Namensbezeichnung. Paulus bezeichnet sich und seine Mitarbeiter öfter als *dóuloi Christóu*: Hier wird *dóulos* von einer sozialen zu einer religiösen Herkunftsbezeichnung.

1.6 Sprachliche Herkunft

Wir haben schon bei der Petrusverleugnung die Bedeutung der Sprache als Herkunftsmerkmal kennengelernt. Dem müssen wir jetzt als letztem Herkunftsmerkmal nachgehen. Die drei großen Sprachen des neutestamentlichen Zeitalters sind Lateinisch, Griechisch und Aramäisch. Lateinisch ist die Sprache des Westens, im Osten die Sprache der römischen Verwaltung. Im Griechisch des Neuen Testaments heißt Lateinisch *Romaistí*, Griechisch *Hellenistí*, Aramäisch *Hebraistí*. Alle drei Ausdrücke finden sich in Joh 19,19f: Die Inschrift »Jesus von Nazaret, der König der Juden«, die Pilatus am Kreuz Jesu hatte befestigen lassen, »war hebräisch, lateinisch und griechisch abgefaßt«.

In Apg 6,1–7 wird berichtet, wie die wachsende Gemeinde in Jerusalem unter der Zweisprachigkeit ihrer Mitglieder leidet. Die ›Hellenisten‹ murren gegen die ›Hebraisten‹, weil die aramäisch sprechenden Witwen in der Gemeinde besser als die griechischsprachigen versorgt werden. Und in der Pfingstgeschichte wird ein ganzer Sprachenkatalog mitgeteilt: Apg 2,1–11. Menschen können also ganz von ihrer Sprache her verstanden werden als ›Griechen‹ oder ›Hebräer‹ usw.

Soviel zu den Herkunftsmerkmalen von Name, Geschlecht, Geographie, Religion, politischer und sozialer Herkunft und Sprache. Wie in einer modernen Statistik ergeben diese Herkunftsmerkmale ein Raster, mit dem die neutestamentlichen Schriften Menschen wahrnehmen und beschreiben. Die Herkunft sagt etwas über den Menschen aus.

1.7 Geschlecht

Wir kommen nun zu den natürlichen Merkmalen. Das erste natürliche Merkmal des Menschen ist sein Geschlecht, männlich (*ársen*) und weiblich (*thélys*).

Darauf soll hier etwas ausführlicher eingegangen werden. Von der Menschheit gilt: »daß der Schöpfer die Menschen am Anfang als Mann und Frau geschaffen hat« (Mt 19,4 / Mk 10,6 / Gen 1,27). Aus der israelitischen Weisheit stammt das Bild des »klugen« (Mt 7,24), »gerechten und heiligen« Mannes (Mk 6,20). Weitere Leitbilder finden wir v.a. im lukanischen Doppelwerk: Der Ratsherr Joseph aus Arimathäa ist »ein guter, frommer Mann« (*agathós kai díkaios*, Lk 23,50); Stephanus ist »[ein] Mann, erfüllt vom Glauben und vom Heiligen Geist« (Apg 6,5). Der Hauptmann Cornelius ist »ein gerechter und gottesfürchtiger Mann, der bei dem ganzen Volk der Juden im guten Ruf steht« (*díkaios kai phobóumenos ton theón*, Apg 10,22). Außerdem begegnen die Prädikate »verständig« (*synetós*, Apg 13,7), »redekundig« (*lógios*, Apg 18,24) und »gesetzesfromm« (*eulabés katá ton nómon*, Apg 22,12). Insgesamt entwirft der Theologe Lukas vor dem Hintergrund alttestamentlicher und zeitgenössischer philosophischer Ideale das Bild des Mannes als des frommen, klugen und gerechten Mannes, nicht aber des tapferen Mannes. D.h., der Mann wird nicht von seinen sportlichen oder kriegerischen Fähigkeiten her verstanden, sondern von seinen religiösen und politisch-sozial-juridischen Aufgaben her entworfen. Er stellt damit in einem gewissen Grade ein Gegenbild zu dem Männerideal der klassischen Antike her, das von den vier Leittugenden der Gerechtigkeit, Klugheit, Besonnenheit und Tapferkeit her definiert wird (*dikaiosýne, sophrosýne, sophía, andréia*).

Ein derart theoretisch gestaltetes Bild der Frau gibt es in den neutestamentlichen Schriften nicht. Die Frauen in den Evangelien werden von ihrem Tun oder von ihren familiären Aufgaben her geschildert. Dabei entstehen durchaus unterschiedliche Leitbilder. Lukas hebt die Frauen hervor, die Jesus »dienten« (Lk 8,2). Daneben zeichnet er im Bild von Maria und Martha zwei Frauentypen. Hier gilt das Lob der hörenden und lernenden Maria, nicht der dienenden Martha (Lk 10,38–42). Ein anderes Bild entwirft er in 7,36–50: Er erzählt von einer liebenden Frau, die Jesus die verschiedensten und sehr persönlichen Liebesdienste erweist. In der Erzählung von der kanaanäischen bzw. syrophönizischen Frau wird eine Mutter in ihrer großen und verzweifelten Liebe zu ihrer kranken Tochter geschildert (Mt 15,21–28). Auffallend viele Frauen werden in der synoptischen Tradition und weiter in der Apostelgeschichte mit Namen oder von ihrem Herkunftsort her genannt. Sie treten damit an Bedeutung und Individualität hervor: Mt 15,22 par Mk 7,25f (die Syrophönizierin); Lk 8,2.3 (eine Namensliste von Frauen, die Jesus »dienten«); Lk 10,38 (Maria und Martha, vgl. Joh 12); Joh 4,7 (Samaritanerin); Apg 5,1 (Saphira); Apg 16,14 (Lydia); Apg 17,34 (Damaris); Apg 18,2 (Priscilla).

Paulus thematisiert die Frau sehr häufig im 1. Korintherbrief. Für sein allgemeines Verständnis von der Frau sind die Texte 1 Kor 11,3–10 und 11–16 wichtig. Er konstruiert ein Abhängigkeitsverhältnis zwischen Gott, Christus und Mann und Frau (V.3). Hier liegt eine Schöpfungstheologie zugrunde, die mit Hierarchien arbeitet, einmal mit einer Kette von ›Häuptern‹, zweitens mit einer Abbild-Herrlichkeit-Reihe. Hinzu kommt die Auffassung von Gen 2,18, die Frau sei ›um des Mannes willen‹, d.h. als seine Hilfe und erst als zweite Größe geschaffen. Paulus vertritt hier also eine Schöpfungstheologie der Ungleichheit und der Über- bzw. Unterordnung der Geschlechter.

Diese Schöpfungsanthropologie ist aber nicht das eigentliche, d.h. neue, das christliche Wort des Paulus zu diesem Thema. Denn er fährt in 1 Kor 11,11 fort: »Doch *im Herrn* gibt es weder die Frau ohne den Mann noch den Mann ohne die Frau. Denn wie die Frau vom Mann stammt, so kommt der Mann durch die Frau zur Welt; alles aber stammt von Gott.« Im Herrn, d.h. in der christlichen Gemeinde, herrscht also eine andere Beurteilung der Geschlechter. Hier sind beide Geschlechter gleich in ihrer Abhängigkeit von Gott und in ihrer Bezogenheit aufeinander.
Eine einseitige Verengung auf die schöpfungsanthropologische Sicht der Geschlechter findet sich dann in 1 Tim 2,13: »Adam wurde zuerst gemacht, danach Eva.« Diese Aussage wird nicht wie bei Paulus durch eine christologische Aussage korrigiert, sondern im Gegenteil verstärkt: »Und Adam wurde nicht verführt, die Frau aber hat sich zur Übertretung verführen lassen« (1 Tim 2,14 < Gen 3,6.13). Paulus kennt die Genesisstelle auch (2 Kor 11,3 < Gen 3,13), verwendet sie aber nicht beim Thema der Geschlechter. Während Paulus ›*im Herrn*‹ Mann und Frau *neben*einander *unter* Gott stellt, formuliert der 1. Timotheusbrief eine spezielle Bedingung zur Rettung christlicher Frauen: die *teknogonía*, d.h. das Gebären frommer christlicher Kinder (1 Tim 2,15). Hier hat eine völlige Wandlung von Paulus zur zweiten nachpaulinischen Generation stattgefunden (Pastoralbriefe nach 100 n.Chr.). Paulus wollte die christliche Frau lieber unverheiratet sehen (1 Kor 7) und dachte noch nicht an das Gebären christlicher Kinder.
In diesem Zusammenhang muß festgehalten werden:

a) Das Neue Testament gibt keine festen materialen ethischen Vorgaben (außerhalb der Zehn Gebote), sondern eröffnet Lebensmöglichkeiten oder gibt Regeln für begrenzte Bereiche.
b) Neutestamentliche Texte können sich in Bereichen, die nicht dem *euangélion*, der Frohen Botschaft von Jesus Christus, selbst zugerechnet sind, auf normative Sprache einlassen, die durch das *euangélion* nicht gedeckt und legitimiert ist. Eine solche Stelle ist 1 Tim 2,13–15. Dieser Text hat sicher unendliches Leid über kinderlose christliche Frauen gebracht.
c) Hier ist theologische Sachkritik notwendig. Es ist die Aufgabe der Theologie in der Gestalt der neutestamentlichen Hermeneutik, diese falsche Normativität zu erkennen und zu vermeiden. Neutestamentliche Hermeneutik erhebt demgegenüber die Verkündigungs- und Bezeugungsfunktion der neutestamentlichen Texte.

1.8 Alter

Das *Alter* ist ein natürliches Unterscheidungsmerkmal der Menschen. Die Evangelien sprechen von Kindern in einem breiten Vokabular: *páis [Kind], paidíon [Kleinkind], hyiós [Sohn], thygáter [Tochter], thygatérion [Töchterchen], bréphos [Neugeborenes], népios [unmündiges Kind]*. Durchweg werden die Kinder hoch geschätzt. Jesus steht ihnen besonders nahe. Mt 11,25 par; 18, 1–5 par; 19, 13–15 par und 21,16 spricht Jesus von einer besonders privilegierten Position der Kleinkinder bei Gott. Mt 18,3 par stellt die kleinen Kinder den Jüngern in besonders eindrücklicher Weise als Vorbild hin. Lukas stellt in den beiden Eingangskapiteln seines Evangeliums Johannes den Täufer und Jesus als Kinder dar (1,80; 2,40). Die Erzählung vom zwölfjährigen Jesus im Tempel ist dagegen schon eher eine Geschichte aus der Jugend Jesu.

Der erwachsene Jesus heilt besonders kranke Kinder, Mädchen wie Jungen. Einen Jüngling hat Jesus lieb: (Mt 19,20, Mk 10,21), der Jüngling folgt ihm aber nicht nach. Anders ist es mit dem »Jünger, den Jesus lieb hatte« im Johannesevangelium (Joh 13,23).

Weitere Altersangaben finden wir bei Lukas. Das Alter Johannes' des Täufers gibt er durch eine vergleichende Datierung an (Synchronismus), das Alter Jesu spricht er aus (beide sind Männer im Alter von ca. 30 Jahren (Lk 3,1–2 und Lk 3,23).

Es ist wiederum Lukas, der das hohe Alter der Eltern Johannes' des Täufers betont (Lk 1,18) und den Propheten Simeon (Lk 2,26) und die Prophetin Hanna, die eine hochbetagte Witwe von 84 Jahren war (Lk 2, 36ff), als ehrenvolle Alterszeugen für Jesus auftreten läßt.

Paulus schreibt an Philemon (Phlm 9) von sich selbst, er sei ein *presbytes*, ein älterer Mann, und unterstreicht damit seine Bitte.

Insgesamt sind die *presbyteroi* geehrt, sowohl bei den Juden als auch bei den entstehenden Christengemeinden. Die Jüngeren sollen sich den Älteren unterordnen (1Petr 5,5). Der 2. und 3. Joh sind von einem Presbyter geschrieben. Für die Presbyter entwerfen die Pastoralbriefe eigene Verhaltensregeln (1 Tim 5,17ff). Wir beobachten hier einen gleitenden Übergang von Alters- über Ehren- zu Dienstbezeichnungen.

Trotzdem gibt es auch jugendliche Gemeindeleiter: »Niemand verachte dich wegen deiner Jugend« (1 Tim 4,11–16).

Im Himmel loben Gott die 24 Ältesten (Offb 4,4 u.a.). D.h. im Himmel gibt es weiter Altersunterschiede. Geschlechtsunterschiede dagegen gibt es im Himmel – im Unterschied zur klassischen Mythologie – nicht mehr. Denn im Himmel »sind sie alle Engel Gottes« (Mt 22,30).

1.9 Familiärer Status

Schließlich gibt es sozial-kulturelle Merkmale. Der familiäre Status ist ein wichtiges Merkmal eines Menschen. Die Menschen im antiken Mittelmeerraum leben in Familien und beziehen daher ihren Status aus ihrer Rolle als Frau des N.N., Sohn des N.N., Bruder des N.N., usw.

Die Familie Jesu besteht zur Zeit seines öffentlichen Auftretens aus seiner Mutter, seinen Brüdern und seinen Schwestern (Mk 3,32–35; vgl. 6,3: dort wird auch sein Vater erwähnt, der aber vielleicht schon gestorben ist). Von der Familie des Paulus erfahren wir nur in einer Notiz in Apg 23,16, er habe eine Schwester und einen Neffen gehabt. Ähnlich steht es mit Petrus, von dessen Schwiegermutter Mk 1,29–31 spricht. Die Brüderpaare Simon und Andreas sowie Jakobus und Johannes, die Donnersöhne, d.h. die Söhne des Zebedäus, haben wir schon kennengelernt, auch die Schwestern Maria und Martha, denen in Joh 11 Lazarus als Bruder beigegeben wird.

In der synoptischen Tradition begegnen häufig Mütter oder Väter mit ihren meist kranken Kindern. Die Apostelgeschichte kennt Ehepaare wie Ananias und Saphira und Aquila und Priska / Priscilla. Kinder sind erwünscht: Die Eltern Johannes' des Täufers sind hoch erfreut über die Ankündigung eines Sohnes. Elisabeth sagt: »Der Herr hat mir geholfen; er hat in diesen Tagen gnädig auf mich geschaut und mich von der Schande befreit, mit der ich in den Augen der Menschen beladen war« (Lk 1,25). Der ›einzige Sohn‹ ist ein wichtiges Motiv in diesem Zusammenhang. Er zeugt von der Bedeutung der Nachkommenschaft in allen antiken Gesellschaften. *Ho hyiós ho monogenés* (der einzige Sohn) oder *ho agapetós* (der geliebte Sohn) ist daher ein unmittelbar sprechendes Christusprädikat (allg. z.B. Lk 7,12; vgl. auch 8,24 einzige Tochter; als Christusprädikat Joh 1,14.18 u.ö.; allegorisch Mt 21,27 par Mk 12,6).

Auch Paulus geht von Familien aus, und zwar sowohl von christlichen Ehen als auch von sog. Mischehen mit einem christlichen Ehepartner. Die Ehen sollen möglichst erhalten bleiben (1 Kor 7,10–16). Allerdings sind Familien nicht die ideale Sozialform der Endzeit. Er wünscht sich eher unverheiratete Christinnen und Christen.

Die Pastoralbriefe zeichnen dann das Bild einer christlichen Familie mit Vorbildfunktion, z.B. Tit 1,6f; 1 Tim 3,2–4. Im 1 Tim begegnet auch der Leitbegriff des *óikos*, des Hauses (3,4), als des christlichen Familienstandes, zu dem natürlich bei einigermaßen wohlhabenden Gemeindemitgliedern auch Sklaven gehörten (1Petr 2,18ff; vgl. schon Eph 6,5–9 und Kol 3,22–4,1; dort *oikétes*). Die Apostelgeschichte zeigt auf, daß am Ende des 1. Jahrhunderts schon ganze *óikoi* getauft werden (Apg 16,15). Paulus bezeugt dasselbe aber schon für das Jahr 50: »Ich habe das Haus des Stephanus getauft« (1 Kor 1,16).

1.10 Soziale Verfassung

Die antiken Menschen leben in Familien. Das gilt für ›Juden und Heiden‹, um die jüdische Perspektive anzuwenden. Die Familien können aus den Ehepartnern, aus Ehepartnern und einem oder mehreren Kindern sowie den Sklaven im Haus (*óikos*) bestehen. Kleine Betriebe können sich gleich an die Familie anschließen: z.B. bei der Händlerin mit Purpur mit Namen Lydia aus Thyateira (Apg 16,14f).

Darüber hinaus gibt es eine Anzahl sozialer Körper, in denen ein antiker Mensch Identität gewinnen konnte: In ›Israel‹ war dies zunächst die Zugehörigkeit zum Haus Israel (*óikos Israél*) und zu einem Stamm (Paulus!), dann die Zugehörigkeit zu einer der religiösen Gruppierungen (*háiresis*: Apg 5,17; 15,5; 26,5) oder Leitungskörperschaften (Sanhedrin bzw. Synhe-

drium, Priesterschaft, Gerusie, Presbyteroi). In der Diaspora war man *Ioudáios* bzw. *Hebráios* (2 Kor 11,22; Phil 3,5). Letzteres bezieht sich auf die Sprachgemeinschaft.
Im hellenistisch-römischen Mittelmeerraum spielt bei gehobenem Status die Stadt- (*pólis*) Zugehörigkeit eine entscheidende Rolle. Die vielfachen Vereine (*collegia*) der Städte finden in den neutestamentlichen Schriften keine Erwähnung. Allerdings erhalten wir in Apg 19,23–40 einen Einblick in das städtische Genossenschaftswesen: Die Silberschmiede (*argyrokópos*) verteidigen ihr Handwerk.
Sozial vielfältige Verfaßtheit ist also ein menschliches Grundmerkmal. Nun gilt aber auch das Gegenteil. Soziale Freiheit spielt in den neutestamentlichen Schriften eine große Rolle: Jesus und Paulus sind nicht verheiratet und haben keine direkte bzw. keine unproblematische Beziehung zu ihrer Familie. Jesus und Paulus schätzen zudem das ehelose Leben höher als das Eheleben, obgleich sie dies in der Schöpfung vorgegeben sehen und die Ehe verteidigen (Mt 19,12 *eunóuchoi* für die *basiléia ton ouranón*, Eunuchen für die Gottesherrschaft; 1 Kor 7). Weiterhin haben Jesus und Paulus keinen festen Wohnsitz. Auch die Zwölf führen zumindest zu Jesu Lebzeiten ein Wanderleben (bes. Petrus als Verheirateter). Die urchristlichen Missionare sind z.T. ebenfalls weiterhin Wandermissionare (Petrus, Paulus u.a.). Zu diesem Wanderdasein gehört teilweise Besitzverzicht (bei Paulus, wie in der synoptischen Tradition Mt 10 par). Das sog. afamiliäre Ethos wird von der Umwelt kritisch gesehen (Mt 8,20: »Der Menschensohn aber hat keinen Ort, wo er sein Haupt hinlegen kann«). Es kann abstoßend wirken (Mk 10, 17ff: der reiche Jüngling).
Andererseits eröffnet sowohl Jesus als dann auch die jeweilige christliche Ortsgemeinde (*ekklesía*) Menschen neue Zugänge und führt zu neuen sozialen Verfaßtheiten.

1.11 Äußere und innere Verfassung

Hier handelt es sich um die zentrale Kategorie der Verfaßtheit des Menschen. Zunächst geht es um die Merkmale von gesund und krank. Die entsprechenden Merkmale schön und häßlich spielen im Neuen Testament keine Rolle. Das ist im Bereich der Mittelmeerkultur des Imperium Romanum auffallend, da die griechisch-römische Kultur sehr viel Wert auf die äußere Erscheinung legt. Schönheit wird im Neuen Testament nicht gerühmt, Häßlichkeit nicht getadelt. Lediglich 2 Kor 10,10 könnte ein Hinweis darauf sein, daß Paulus keine stattliche Erscheinung war. Der Philipperhymnus nimmt das Motiv des leidenden Gerechten in abgeschwächter Form auf, ohne die Häßlichkeit zu betonen (Phil 2,7).
Daß die Schönheit der Frau eine Gefahr darstellen könnte, wird nicht ausdrücklich gesagt. Aber in 1 Petr wird vor äußerlichem Schmuck gewarnt und der innere Schmuck gelobt. Daß dieser nur zum Teil aus Hoffnung in Gott besteht, zum Teil aber aus Gehorsam gegenüber den Männern, muß

vermerkt werden (1Petr 3,1–6; vgl. 1 Tim 3,8–10). Wir registrieren hier eine ähnliche Furcht wie die, die hinter 1 Tim 3,13–15 steht. Beide Texte hängen eng zusammen.
Gesundheit oder Krankheit dagegen spielen in den Evangelien und der Apostelgeschichte eine entscheidende Rolle. Die Menschen werden von ihren wesentlichen Krankheiten her beschrieben: Aussatz, Gliederkrankheiten, Geisteskrankheiten, Krankheiten der Sinnesorgane, Fieberkrankheiten oder spezielle Krankheiten wie Blutfluß (s.u.). Die Krankheiten werden realistisch beschrieben und als zerstörerische Merkmale des Menschen verstanden.
In diesem Zusammenhang ist die medizinisch nicht identifizierte Krankheit des Paulus zu nennen: 2 Kor 12,7–9. Paulus definiert sich selbst häufig von dieser Krankheit her und wird auch in den Gemeinden als Kranker wahrgenommen. Auch Paulus sucht Heilung. Sie wird ihm nicht gewährt. Vielmehr wird er gerade auf seine Krankheit – metaphorisch gesprochen – festgenagelt. Unter Umständen handelt es sich um schwere Migräne.
Heilung ist Ausdruck der kommenden Gottesherrschaft bzw. der Herrschaft des Kyrios. Anthropologisch heißt das: Die Menschen sind gesund geschaffen. Krankheit ist böse. Entweder ist sie Ausdruck von Sünde (Joh 9,2; 1 Kor 11, 29.30) oder Besessenheit von bösen Geistern (synoptische Tradition; 2 Kor 12,7). Jesus und die Apostel heilen.

1.12 Beruf/Gemeindeposition

Schließlich zum *Beruf*. Die sehr kleine Oberschicht des Imperium Romanum lebte in Ruhe, in *otium*. Cicero hält jedes Berufswesen, auch das des reichen Kaufmanns, für unpassend. Zum *otium* gesellt sich das *officium*, das Amt, sei es philosophisch-ethischer Art oder sei es auf die Übernahme der Staatsämter bezogen. Wir sahen schon, daß die neutestamentlichen Schriften die Welt der römischen Staatsbürger vom Kaiser über die Provinzialverwaltung bis zum Militär kennen und reflektieren. Daneben steht die Welt der Kaufleute – oft international, d.h auf den Umfang des Imperium Romanum bezogen – und der Handwerker sowie der Großgrundbesitzer und der Bauern. Die griechisch-römische Welt ist eine städtisch dominierte Welt, und die Apostelgeschichte und die paulinischen Briefe stehen in dieser Welt des Handels und Handwerks (*tékton*, Zeltmacher, Purpurhändler, Kaufleute). Diese Welt wird aufs schärfste in Offb 18 kritisiert. Die synoptische Tradition spiegelt eher die agrarische Seite der griechisch-römischen Welt mit großen Latifundien, Verwaltern, Pächtern, Landarbeitern, Sklaven, krassen Gegensätzen von reichen Gutsleuten und armen Bauern, Bauernarbeit und Armut. Wichtig ist, daß Jesus und Paulus nicht Bauern, sondern Handwerker und damit beweglich waren. Im allgemeinen begegnen Fischer (*haliéus*), Zöllner, Steuerpächter, Landarbeiter (*místhios*, *ergátes*) usw. in Gruppen oder als Typen, ebenso die Sklaven (*dóulos*) als größte Arbeitsgruppe.
Daß der Beruf in den Mittel- oder Unterschichten, in denen sich die Chri-

sten des 1. Jahrhunderts befanden, ein Merkmal des Menschen war, zeigen folgende Belege: Jesus, »Sohn eines *tékton*« (Bauarbeiter oder Zimmermann: Mt 13,55) oder Jesus, der *tékton* (Mk 6,3); Matthäus der Zöllner (*telónes:* Mt 10,3); Simon, der Gerber (*byrséus*: Apg 9,43); Cornelius, ein Centurio (*hekatontárches*: Apg 10,1); Lydia, eine Purpurhändlerin (*porphyropólis*: Apg 16,14).

1.13 Tun

Ein letztes Merkmal charakterisiert die Menschen: ihr Tun. Diesen Umstand macht z.B. die Bergpredigt sehr deutlich. Sie endet mit einigen applikativen Textabschnitten: Der ›Goldenen Regel‹ (Mt 7,12), der ›Engen Pforte‹ (Mt 7,13f), der ›Warnung vor falschen Propheten‹ (Mt 7,15–23) und dem ›Gleichnis vom festen Haus‹ (Mt 7,24–27). In dem Abschnitt der Warnung vor den falschen Propheten findet sich die Maxime: »An ihren Früchten werdet ihr sie erkennen« (Mt 7,20). Die *kárpoi*, das sind die *érga agathá*, die guten Werke, oder einfach ›Das Gute‹. Menschen sind aufgrund ihres Tuns gut (*agathós*) oder böse (*kakós / ponerós*). Gott geht nach Mt 5,45 davon aus und läßt es regnen über »Gute und Böse«. Gute Menschen tun Gutes, böse Böses (Mt 12,35). Trotzdem können böse Menschen ihren Kindern Gutes tun (Mt 7,11), und wenigstens äußerlich können böse Menschen Gutes reden (Mt 12,34). Und da die Güte oder Bosheit der Menschen nicht immer offen zu Tage liegt, gilt umso mehr die Orientierungsregel: »An ihren Früchten werdet ihr sie erkennen.«

2. Die neutestamentlichen Schriften als Schriften von und an Menschen

2.1 Menschen als Verfasser neutestamentlicher Schriften

Menschen sind die Verfasser unserer neutestamentlichen Schriftensammlung. Für die anthropologische Frage bedeutet dies: Menschen schrieben über Menschen. Dieser Umstand ist zugleich von höchster theologischer Bedeutung: Die neutestamentlichen Schriften sind nicht in der Weise heilige Schriften, daß sie von Gott oder vom Geist diktiert oder inspiriert wären. Sie sind vielmehr erzählende Darstellungen (Evangelien und Apostelgeschichte) oder argumentierende und ermahnende Briefe, die die Schriftsteller des neutestamentlichen Zeitalters für christliche Gemeinden oder an einzelne Christen geschrieben haben, um das Evangelium von Jesus Christus zu erzählen, zu bezeugen oder zu erläutern. Wir kennen zwei dieser Menschen persönlich, da diese ihre Namen ausdrücklich und explizit angeben: Paulus und Johannes, den Verfasser der Offenbarung.
Ich beginne mit Johannes, der sich selbst Prophet nennt (Offb 22,9). Er stellt sich seinen Lesern, den Mitgliedern der sieben Gemeinden von Ephesus, Smyrna, Pergamon, Thyateira, Sardes, Philadelphia, Laodizea als »Bru-

der und Mitgenosse in der Bedrängnis« vor (Offb 1,9: »*egó ... Ioánnes*«), der auf der Insel Patmos eine umfassende Offenbarung gehabt hat und diese nun aufschreibt. Dieser Johannes schreibt nicht anonym wie *alle* anderen frühjüdischen Apokalyptiker, sondern selbstverantwortet und in persönlicher Autorität. Die neutestamentliche Wissenschaft möchte Johannes gern mit Kaiser Domitian verbinden und die Schrift um 96 n.Chr. verfaßt sein lassen.
Der wichtigste Autor ist Paulus. Er bringt sich selbst ebenso wie Johannes ins Spiel: »Ich selbst aber, Paulus, ermahne euch« (*autós de egó Páulos parakaló hymás*) beginnt er 2 Kor 10,1 (vgl. Gal 5,1). Er schreibt alle seine Briefe als Apostel und Diener bzw. Sklave Jesu Christi, selbstverantwortet, sorgfältig unterscheidend zwischen

a) dem Evangelium von Jesus Christus, das er in 1 Kor 15,3–5 nach der Gemeindetradition zitiert
b) einigen wenigen »Worten des Herrn« (1 Kor 7,10 ↔ 7,12)
c) der eigenen Rede, die den weitaus größten Teil seiner Briefe ausmacht.

2.2 Menschen als Adressaten neutestamentlicher Schriften

Menschen sind die *Adressaten* der neutestamentlichen Schriften. Es handelt sich durchgängig um christliche Gemeinden und ihre Mitglieder. Die gesamte Briefliteratur, zu der auch die Offb gehört, ist an Gemeinden (oder Einzelne: 2. / 3. Joh; Phlm) gerichtet. Sie sollen belehrt, getröstet, ermahnt werden.
Auch die Evangelien und die Apostelgeschichte sind an Gemeinden oder einzelne Gemeindeglieder gerichtet (Widmungen). D.h., die neutestamentliche Literatur besteht aus Schriften, die Christen für Christen schreiben. In ihnen schlägt sich das allgemeine anthropologische Verständnis der Christen des 1. Jahrhunderts nieder. Zugleich bezeugen sie das neue spezifisch christliche Menschenverständnis der Verfasser.

B. Wie sprechen die neutestamentlichen Schriften von den Menschen?

1. Terminologie

Diese Frage erschließt sich zunächst von der Semantik her.

1.1 Allgemeine Terminologie

Der Mensch heißt *ho ánthropos*. *Ánthropos* ist eine der sehr häufigen Vokabeln im Neuen Testament. Alle neutestamentlichen Schriftsteller beschäftigen sich mit ›dem Menschen‹, besonders aber Paulus. Die Menschen werden von ihren Oppositionen her erfaßt: Menschen – Gott; Menschen – Engel; Menschen – Tiere (z.B. Mt 12,12). Sie bilden diejenige Schöpfungsgruppe, um die sich Gott sorgt: »Sorgt sich Gott etwa um die Ochsen?« (1 Kor 9,9). Für die Menschen ist die Schrift da (1 Kor 9,10). Für die Menschen ist Christus gekommen (Joh 1,12), für die Menschen ist Christus gestorben (1 Kor 15,3). Basis ist die Schöpfung: Gott hat die Menschen geschaffen (Mt 19,4; 1 Kor 11,7), und zwar nach seinem Bild (*eikón theóu*). All dies ist in den neutestamentlichen Schriften vorausgesetzt, es wird nicht eigens thematisiert, da es Bestandteil der Schrift, der *graphé*, ist. Daß eine gewisse selbstverständliche Tendenz bestehen kann, den Menschen eher als Mann zu verstehen (*ánthropos = anér*), zeigt sich in 1 Kor 11,7. Denn dort wird nicht der Mensch, sondern der Mann als Bild Gottes verstanden, wie wir schon sahen.

1.2 Der äußere Mensch

Wie sich Paulus den Menschen von seinem Aufbau her vorstellte, entnehmen wir am besten 1 Kor 12,12–26 (vgl. Röm 12,4). Der Mensch hat einen Leib (*sóma*), der eine gegliederte Größe ist (Glied = *méros*), wobei alle Glieder aufeinander angewiesen sind und gleich wichtig und ehrenvoll sind. Das alles entspricht Gottes Schöpferplan: »Nun aber hat Gott die Glieder gesetzt, jedes von ihnen im Körper, wie er will« (1 Kor 12,18). Wichtige Termini sind: Körper (*sóma*), Beschaffenheit (*sárx*), das natürliche Leben (*psyché / psychikós* z.B. Mk 8,35–37).

Der äußere oder körperlich verstandene Mensch wird also von der Vollständigkeit und Funktionsfähigkeit seiner Glieder her verstanden. Vollständigkeit und damit auch Gesundheit ist ein hohes Gut (s.o.). Andererseits gibt es auch skandalöse Ratschläge wie den in der Bergpredigt Mt 5,27–30: »Wenn dich dein rechtes Auge zum Bösen verpflichtet, dann reiß es aus und wirf es weg!« Allerdings liegt hier keine wörtlich gemeinte Anweisung vor,

sondern Jesus benutzt im Kontext der Ehebruchproblematik eine hoch emphatische metaphorische Sprache. Und weiterhin gilt Jesu Aufforderung zur Furcht- und Sorglosigkeit in allen persönlichen Dingen (Mt 10,28–31). D.h., der äußere oder körperliche oder – so Paulus – »natürliche« Mensch (natürlicher Leib, *sóma psychikós*: 1 Kor 15,44; natürlicher Mensch, *psychikós ... ánthropos*: 1 Kor 2,14) hat sein Recht, aber er ist auch begrenzt. Auch Mt 19, 12 ist zu bedenken: »Manche sind von Geburt an zur Ehe unfähig, manche sind von den Menschen dazu gemacht, und manche haben sich selbst dazu gemacht – um des Himmelreiches willen« (*eunóuchos*, der Eunuch / *eunouchízein*, zeugungsunfähig machen).
Das natürliche Leben wird durch die Lebenszeit begrenzt: *helikía* (Mt 6,27). *Helikía* heißt zugleich »Körpergröße« (Lk 19,3: Zachäus der Zöllner). Beides ist von Gott gegeben und bildet eine natürliche Grenze des Individuums und seiner Möglichkeiten (Mt 10,30 und Mt 6,27). Der Tod (*thánatos*) ist das Ende, der Mensch ist sterblich (*thnetós*) mit *sóma* und *sárx*.
Das natürliche Ideal, ›alt und lebenssatt‹ zu sterben, wie wir es aus dem Alten Testament kennen, wird im Neuen Testament kaum thematisiert. Die Leitgestalten der neutestamentlichen Zeit, Johannes der Täufer, Jesus, Stephanus, Jakobus der Herrenbruder, Paulus, Petrus und die Zebedaiden sterben vorzeitig und gewaltsam. Die ersten Christen erwarten die Parusie des Herrn und ihre Verwandlung (1Thess 4,15–17; 1 Kor 15,51). Nur Lukas zeichnet zwei ›alttestamentliche‹ Gestalten: Simeon (Lk 2,25–32) und Hanna (Lk 2,36–38).
Die Gefährdung der Kinder und die hohe Kindersterblichkeit spiegeln sich in den Erzählungen über Kinderheilungen und -auferweckungen: die Tochter des Jairus (Mk 5,21–43 par Mt 9,18–26; Lk 8,40–56: zwölf Jahre alt); die Tochter der syrophönizischen Frau (Mk 7,24–30 par Mt 15,21–28); die Heilung eines besessenen Jungen (Mk 19,14–29 par Mt 17,14–21; Lk 9,37–42).

1.3 Der kranke und der gesunde Mensch

Krankheit (*nósos*; *mástix*: Plage) als die größte Schädigung des menschlichen Lebens und des menschlichen Körpers haben wir schon als Herkunfts- bzw. Wesensmerkmal von Menschen kennengelernt. Die synoptischen Summarien entwerfen ein Bild dieser Gesellschaft und ihrer Wahrnehmung durch die Christen (Mk 3,10f; Mk 7,31–37 par Mt 15,29–31; vgl. Lk 7,21–23). Diese Summarien bieten einen Einblick in die großen Volkskrankheiten der Zeit: Aussatz (*lépra* / der Aussätzige: *leprós*), Blindheit (*typhlós*), Lähmung (*cholós*), Verkrüppelung (*kyllós*) oder Taubstummheit (bzw. Taubheit oder Stummheit: *kophós*).
Hierzu kommt die Menge der nervösen und der Geisteskrankheiten, die z.T. sehr genau beschrieben werden: Lk 9,37–39.42 (Epilepsie), Mk 5,1–5. Die Krankheiten rufen nach Heilung. Heilen, *therapéuein* begegnet häufig bei den Synoptikern, ebenso *hiásthai*. Das Jesuswort: »Nicht die Gesunden brauchen den Arzt, sondern die Kranken« (Mt 9,12 par) zeugt davon, daß

Jesus als Volksarzt verstanden wurde und sich auch sehr selbstverständlich so verstand und verhielt. Das Matthäusevangelium entwirft gleichzeitig das Bild des gesunden Menschen (*hygiés*; vgl. Joh 5,6: »Willst du gesund sein?«; Mk 5,34). Möglichkeiten des gesunden Menschen sind: rein sein / gesund sein (*hygiáinein / katharízein* in Lk 17,14), reden (*laléin*), gehen (*peripatéin*), sehen (*blépein*), hören (*akóuein*), schmecken (*géuesthai*) und riechen (*osmé*, der Geruch). Wir können noch die weiteren menschlichen Grundfunktionen hinzunehmen: essen (*phagéin*, sehr häufig), trinken (*pínein*, sehr häufig), und schlafen (*kathéudein*).
Mt 6,25 und Mt 11,18f (par Lk 7,33) weisen darauf hin, daß der Mensch zwar essen und trinken muß, aber nicht in der Sorge (*mérimna*) darüber aufgehen soll, und daß Jesus durchaus aß und trank und zu Gastmählern ging – im Gegensatz zur Askese Johannes' des Täufers. Wachen, fasten und beten sind nicht natürliche, sondern religiöse Verhaltensweisen, deren Einhalten schwer fällt (Mk 14,38: »wachet, betet«), die aber als Korrektur eines rein natürlich-körperlichen Verhaltens notwendig sein können (Mt 6).

1.4 Der kultivierte Mensch

Die neutestamentlichen Texte kennen nicht nur den natürlichen Menschen in seinen Begrenzungen durch seinen eigenen Körper, seine Lebenszeit und Krankheiten, sondern auch den kultivierten Menschen. Zu diesem Menschen gehört die Arbeit: Mt 6,25–34 (bäuerliche Arbeit als Grundmuster); Mk 4 (Bauerngleichnisse). *Haliéuein*, das Fischen, ist die Arbeit einiger der ersten Jünger (Mt 4,18–22). Die städtische Arbeit ist entweder Sklavenarbeit, Lohnarbeit oder Handwerksarbeit. Die meisten Sklaven arbeiten aber auf den Gütern. Auch Kaufleute begegnen in den Synoptikern: Mt 13,45–46 (*émporos*). Arbeiten (*ergázesthai*) ist eine Grundbedingung kultivierten Lebens. Paulus schreibt den Thessalonichern diesbezüglich (1Thess 4,10–12). Er selbst übt sehr bewußt sein Handwerk aus – einerseits in Kontinuität zu seiner pharisäischen Herkunft und rabbinischen Ausbildung, andererseits als spätberufener Apostel (1 Kor 9,6.12.15–18). Allerdings findet sich nirgendwo im Neuen Testament eine Arbeitsethik oder eine Definition des Menschen von seiner Arbeit her.
Zum kultivierten Leben gehört ein gewisser Glanz, ein Mehr gegenüber der bloßen Subsistenz. Finden wir dieses ›Mehr‹ im Neuen Testament? Wenn, dann am ehesten bei den Synoptikern in der Gastmahlkultur, an der Jesus teilnimmt (*déipnon, déipnein*) und die er mit dem Volk (Speisungen) und seinen Jüngern bis hin zum letzten Mahl pflegt. Jesu Lebensführung ist die eines Wanderpredigers. Aber er ›ißt und trinkt‹. Das wird ihm vorgeworfen. Er widerspricht diesem Vorwurf mit dem Bild vom Bräutigam (Lk 5,33–35 par; Lk 7,31–34). Hierhin gehören die synoptischen Berichte über Verschwendung (*apóleia*), die um Jesus getrieben wird und z.T. kritisiert wurde (Mk 14,3–9 par Mt 26,6–13; Joh 12,1–8; Lk 7,36–50). Hier handelt es sich um ein Alabastergefäß voll Nardenöl (mit der Konnotation ›sehr teuer‹, nur

hier im Neuen Testament). Hierzu gehört auch der Bericht über Jesu Grablegung durch den reichen Joseph v. Arimathäa (Mt 27,57–60). Von hier aus geht der Blick auf das himmlische Mahl (Lk 22,7–30). Insgesamt ist diese Kultur eine eschatologische Kultur. Sie ist Vorwegnahme des Lebens bei Gott. Ein Lob einer rein innerweltlichen Kultur kennt das Neue Testament nicht.
In der späteren Briefliteratur wird sehr vorsichtig, ja ängstlich damit umgegangen (1 Tim 2,8–10; 1Petr 3,3–5; Jak 2,1–4). Hier hat auch wieder die Reichtumspolemik ihren Platz. In der Offenbarung schließlich wird die urchristliche Reichtumspolemik (Mk 10,17–27; Jak 5,1–6) in einem großen Angriff gegen Rom zugespitzt (Offb 17,3–6). Dem steht dann wieder die Vision des Neuen Jerusalems entgegen (Offb 21,10–14 bis 22,5). Glanz und Schönheit im Himmel finden sich auch hier als Höchstwerte.

1.5 Die drei Zonen der menschlichen Person

Der amerikanische Neutestamentler Bruce Malina hat das Selbstverständnis des Menschen im 1. Jahrhundert n.Chr. in einem »Drei-Bereiche-Modell« beschrieben[2]. Er unterscheidet den »Bereich des emotional durchdrungenen Denkens«[3], den »Bereich des die Persönlichkeit ausdrückenden Sprechens«[4] und schließlich den »Bereich des zielgerichteten Handelns«[5]. Dieses Modell kann unserem Verstehen der neutestamentlichen Aussagen über den Menschen dienen, die sehr konkret vom menschlichen Körper, seinen Gliedern und seinen Organen sprechen und diesen Größen das Denken, Fühlen und Handeln zuordnen.

2. Verwendung

Besonders lohnend ist hier die Betrachtung der synoptischen Evangelien und der paulinischen Briefe.

2.1 Erzählen von Menschen in den Evangelien

Wie sprechen die synoptischen Evangelien von den Menschen? Sie erzählen aus der Perspektive des Weges Jesu und aus der Perspektive Jesu selbst. Als Einführungstext eignet sich Mt 9,35–38: Das Volk (*óchlos/óchloi*) ist ohne wirklichen Hirten und Retter (alttestamentliche Sprache). *Óchlos, óchloi* begegnet sehr oft bei Mt, aber auch sehr häufig bei den anderen Synoptikern, im Johannesevangelium und in der Apostelgeschichte, nicht in der Briefliteratur. Das Volk ist Gegenstand des Erbarmens Jesu (Mt 9,36; 14,4; 15,32). Dies ist das Grundthema. Jesus versteht das Volk nicht aus der aristokratischen Distanz des »*odi profanum vulgus et arceo*« (»ich hasse das einfache Volk und meide es«) heraus (Horaz, *Carmina* 3,1.1) oder als *am ha aretz*, als das Volk, das das Gesetz nicht kennt – so die Perspektive der Frommen

im Land Israel. Erbarmen als die Grundwahrnehmung des Volkes bedeutet liebevolles Sichzuwenden, Heilen, Speisen, Lehren. Deshalb sucht Jesus ›das Volk‹ auf. Das Volk – das sind »viele Zöllner und andere« (Lk 5,29) oder »viel Volk aus der Stadt« (Lk 7,12). Überall ist das Volk, ob auf dem Land oder in der Stadt. Überall kommt es zusammen. Jesus zieht das Volk an und will mit dem Volk zu tun haben. Galiläa war zur Zeit Jesu ein reich bevölkertes Land mit zahlreichen kleinen Städten, jeweils mit hoher Einwohnerschaft. Die Märkte waren voll von Tagelöhnern, d.h. häufig Arbeitslosen. In dieser lauten, zudringlichen, nicht sehr friedlichen Welt lebte Jesus.
Das Volk wird nun auch bei den Synoptikern nicht immer positiv gesehen. In der Antike ist das Volk stets potentiell gefährlich. Die Regierenden fürchten das Volk (Mt 14,5). Es ist eine Menge, die sich leicht emotional äußert: Sie entsetzen sich, wundern sich, geraten außer sich, erstaunen, wollen Jesus berühren. Sie laufen Jesus nach, sie feiern seinen Einzug in Jerusalem – aber sie fordern auch Jesu Hinrichtung. Daher kann Jesus sich auch vom Volk entfernen: Er ging allein auf einen Berg, um zu beten (Mt 14,23; vgl. Lk 4,42–44; 6,17–19). Er kann auch in Rätselreden zum Volk sprechen, da er wirkliches Verstehen nicht erwartet (Mt 13,34).
Ein besonderer Text ist die Predigt Johannes' des Täufers: eine endzeitliche Bußpredigt. Er spricht das Volk an: »Schlangenbrut, wer hat euch beigebracht, daß ihr dem künftigen Zorn entfliehen könnt?« Vergleichbar ist die Bußrede Jesu Lk 13,1–5.
Allerdings bleibt ›das Volk‹ nicht immer eine gefährliche Masse. Einzelne Personen treten aus der Menge heraus:

> »Eine Frau aus der Menge sagte zu ihm, indem sie ihre Stimme erhob: Selig die Frau, deren Leib dich getragen und deren Brust dich genährt hat« (Lk 11,27f).
> »Einer aus dem Volke bat Jesus: Meister, sag meinem Bruder, er soll das Erbe mit mir teilen« (Lk 12,13ff).
> »Einige Pharisäer aus der Menge« sprachen ... (Lk 19,39).
> »Einer aus der Menge antwortete ihm ...« (Mk 9,17; der Vater des besessenen Jungen).

Die synoptischen Evangelien erzählen auch und vornehmlich von einzelnen Menschen, die Jesus begegnen oder von denen er erzählt. Das gilt grundsätzlich: Jesus begegnet Menschen. Er nimmt sie von ihren Krankheiten her wahr, von ihrem Status als reich oder arm, Jude oder Nichtjude. Er wendet sich diesen Menschen in Liebe oder Erbarmen zu, er kann sie aber auch schroff abweisen. Wenn Jesus selbst von Menschen erzählt, will er Verhaltensweisen darstellen und Zuhörer zur Einsicht bringen. Die Gestalten in seinen Gleichnissen sind Träger eines bestimmten Verhaltens oder einer bestimmten Eigenschaft, die Jesus den Zuhörern deutlich machen will. Die Zuwendung gilt bei diesen Texten den Hörern, nicht der Gestaltung der Erzählung.
Beide Erzählweisen lassen sich am besten an Texten aus dem Lukasevangelium erläutern. Hier entfaltet sich ein reiches Bild von Menschenbeschreibungen.

Lk 5, 17–26 erzählt von der Heilung eines gelähmten Mannes. Der Mann wird nur von seiner Krankheit her beschrieben. Daneben stehen aber zwei Menschengruppen: die Freunde des Mannes, die alles tun, um ihn gesund zu machen, und die Gruppe jüdischer Frommer, die nicht an das Leiden des Mannes denken, sondern Jesu Verhalten kritisieren.
Lk 7, 1–10 erzählt von der Heilung eines Dieners eines römischen Centurio, der in Kapernaum stationiert war. Hauptperson ist nicht der Diener, sondern der Hauptmann, den Lukas aus vier Perspektiven beschreibt. Zuerst wird er durch die Ältesten der Juden charakterisiert: Er ist ein Judenfreund und hat die Synagoge bauen lassen. Es handelt sich also um einen sog. Gottesfürchtigen. Lukas charakterisiert ihn weiter als sehr höflich. Am wichtigsten ist seine Selbstdarstellung in V.8: Er ist ganz von seinem soldatischen Gehorsam und seiner soldatischen Befehlsgewalt geprägt. Völlig überraschend ist die Schlußwendung: Jesus deckt den starken Glauben dieses römischen Soldaten auf.
Lk 7,11–17 erzählt von der Auferweckung eines jungen Mannes in Naïn. Seine Mutter ist Witwe, der Verstorbene ihr einziger Sohn. Die Anteilnahme der Bevölkerung ist groß.
Lk 7,36–50 erzählt von einer Frau, die einfach als Sünderin eingeführt wird. ›Sünderin‹ ist die Frau aus der Perspektive der Pharisäer – wohl die Verurteilung einer Prostituierten. Die Erzählung geht darauf mit keinem Wort ein. Stattdessen wird die Frau zweimal von ihrer ganz ungewöhnlichen, ja intimen dienenden Zuwendung zu Jesus her beschrieben: Sie hat mir »so viel Liebe gezeigt«, sagt Jesus (7,47).
Lk 8,26–30; 8,43–48 und 13,10–27 zeichnen eindringliche Krankheitsbilder und die Zuwendung Jesu zu den Kranken.
Lk 10,30–37 erzählt Jesus in einer Parabel von einem Samaritaner, der ausschließlich von seinem barmherzigen Handeln an »einem Menschen« (10,30) in Not her gezeichnet wird.
Lk 10,38–42 entwirft Lukas in einer kleinen Szene das Bild zweier Frauentypen: der Hausfrau Martha und der ›Hörerin der Lehre‹, Maria.
Lk 12,16–21 erzählt Jesus die Parabel von dem »reichen Mann«, bei dem sich Reichtum mit egoistischer Vorsorge und falscher Sicherheit verbündet und zur Torheit bzw. inneren Blindheit führt.
Lk 15,11–32 erzählt Jesus die Parabel vom verlorenen Sohn. Drei Typen sind scharf gekennzeichnet: der großzügige verzeihende Vater, der zunächst verschwenderische, dann reuevolle eine Sohn, der unversöhnliche andere Sohn.
Lk 16,1–8 zeichnet Jesus in einer Parabel einen schockierend klugen, ja gerissenen Gutsverwalter.
Lk 16,19–31 erzählt Jesus die Parabel von dem reichen Mann und dem armen Lazarus. Der Reiche und der Arme werden zu Beginn in fast märchenhaften Stereotypen eingeführt (Lk 16,19ff).
Lk 18,1–5 erzählt Jesus eine kurze Parabel. Eine aufs äußerste entschlossene Witwe steht einem »ungerechten« Richter gegenüber. Eine andere

Witwenepisode sei hier angeschlossen. 21,1–4 erwähnt Lukas eine »arme Witwe«, die in ihrer unbedingten Frömmigkeit ihren kläglichen Geldbesitz opfert.
Lk 18,9–14 stellt Jesus in einer Parabel einen frommen Pharisäer und einen nach jüdischem Verständnis sündigen Zolleinnehmer dar. Ersterer ist der Typus des selbstgerechten Frommen, der zweite verkörpert den zerschlagenen, bußfertigen Sünder.
Lk 18,18–23 erzählt von einem »führenden Mann« (*árchon*), der zwar »das ewige Leben gewinnen«, nicht aber auf seinen Reichtum verzichten will.
Lk 19,1–10 dagegen erweist sich der reiche Zolleinnehmer Zachäus äußerst großzügig, weil Jesus ihn besucht hat. Lukas charakterisiert diesen Menschen in doppelter Weise. Er ist reich – und er ist kleingewachsen, aber sehr entschlossen.
Fazit: Alle diese Menschen werden durch ein oder durch einige wenige Kennzeichen beschrieben, von jeweils einem Punkt her erfaßt und dargestellt: von jenen Merkmalen her, die wir schon beschrieben haben. Wir könnten jetzt noch die Berufserzählungen von den Hirten, den Fischern, den Gutsverwaltern oder Bauern anführen, ebenso die Darstellung von Pharisäern und Schriftgelehrten, Priestern und Regierenden. Menschen werden im narrativen Zusammenhang stets als Vertreter eines Typos, mit einem Charakterzug, durch eine Handlung oder mit einem Merkmal dargestellt. Jede Differenzierung und Individualisierung fehlt. Lediglich einige Jünger (besonders Petrus, auch die Zebedaiden) erhalten einige ganz wenige eigene, aber ebenfalls stereotype Charakterzüge: Petrus ist voreilig, überschwenglich, letztlich nur bedingt treu (Verleugnung!). Die Donnersöhne sind stürmisch und unbedacht und ehrgeizig (Lk 9,54), Judas ist ein Verräter. Auch Johannes der Täufer ist von seinen religiösen Epitheta her gezeichnet.
Als einziger Mensch in den synoptischen Evangelien hat Jesus bestimmte individuelle Züge: Liebe, Zorn, Trauer, abweisendes Verhalten (gegenüber seiner Familie und gegenüber Einzelnen), anziehendes Verhalten, sich zuwendendes, barmherziges Verhalten und schließlich Angst.
Trotz des weitgehenden Fehlens von Individualität gilt das ganze Interesse Jesu und seiner Biographen eben den Menschen, Einzelnen wie ›dem Volk‹. Die Einzelnen werden mit Interesse und Respekt gezeichnet. Von ihnen wird mit Achtung und großer Anteilnahme gesprochen. Wenn sie getadelt werden, so ist die Sprache heftig (›Heuchler‹). Diese heftige Sprache kann sich aufs höchste steigern: »Geh weg von mir, Satan!« sagt Jesus zu Petrus (Mt 16,23: dieselbe Wendung, die Jesus in 4,10 gegenüber dem Satan selbst gebraucht). In den großen Gerichtsgleichnissen am Ende des Matthäusevangeliums (Kap. 25) spricht Jesus eine Sprache, die höchste Angst schafft: die apokalyptische Gerichtssprache des Menschensohnes, der kommen wird, um Israel und die Welt zu richten.

2.2 Menschendarstellung in den Briefen

Auch in den Paulusbriefen begegnen ›die Menschen‹, aber in ganz anderer Form, nicht konkret als ›Menge‹ oder als ›Einzelne‹, sondern als Genus, d.h. als abstrakte Größe.

Paulus spricht *zu* Menschen und *von* Menschen. Hier haben wir es mit dem zweiten Aspekt zu tun. Wie führt Paulus das Thema ›Mensch / Menschen‹ ein und wie behandelt er es?

Grundsätzlich gilt Folgendes: Für Paulus als Juden ist die Menschheit dual strukturiert in Juden und Heiden (*Ioudáioi kai Héllenes*). Grundtext für dieses Verständnis ist Röm 1–3. Für Paulus gilt: Menschen sind grundsätzlich von ihrem Verhältnis zu Gott her erfaßt. Für Juden gilt das Gesetz als Zugang zu Gott, die Heiden haben ihr Gesetz des Gewissens (Röm 2,12–16). Die Menschen sind Geschöpfe Gottes und als solche auf ihn hin geschaffen als sein Ebenbild. Sie sind aber von Gott abgefallen (Röm 1,18–23). Damit sind sie auch aus dem Gesetz gefallen. Paulus schildert dies in der Sprache der Lasterkataloge: Röm 1,24ff. Dieses Urteil gilt Juden und Heiden. Daher kommt Paulus zu dem Ergebnis, alle Menschen seien von Gott abgefallen: Röm 3,9–20 (größtenteils alttestamentliche Zitate!). Die Schöpfung hat sich also in ein allgemeines und umfassendes Gerichtsszenario verwandelt, in dem es keine Unterschiede, sondern nur noch »den Menschen« gibt. Daher gilt: »Darum bist du unentschuldbar – wer du auch bist, Mensch –, wenn du richtest« (Röm 2,1).

Schöpfung und Sünde sind universal und führen zu einem einheitlichen Menschheitsbegriff, in dem die Differenz der Religion ebenso unwichtig geworden ist wie die Differenz der Geschlechter und anderer menschlicher Grundmerkmale. Die Sprache des Paulus in diesem Zusammenhang ist die Sprache des Gerichts.

Lediglich Paulus selbst begegnet als sich selbst aussprechendes Individuum, d.h. als sehr persönlich handelnde und leidende Person (z.B. 2 Kor 6,11–13; 11,21–33). Allerdings gilt für ihn wie für alle Menschen der neutestamentlichen Schriften, daß sie sich nicht als Individuen im modernen Sinne verstehen und darstellen. Alle antiken Menschen sind sozial so sehr eingebunden, daß man statt von der individuellen lieber von der dyadischen Persönlichkeit der griechisch-römischen Gesellschaft spricht[6]. »Die dyadische Persönlichkeit ist ein Individuum, das sich wahrnimmt und ein Bild von sich macht aufgrund dessen, was andere in ihm sehen und was sie ihm vermitteln«[7]. Dieser Umstand erklärt noch einmal die sehr typisierend wirkende Darstellung der Menschen in den Evangelien, die wir anhand des Lukasevangeliums beobachtet haben. Die Details der Menschendarstellung in den Briefen werden im nächsten Kapitel gezeichnet.

C. Wie verstehen die neutestamentlichen Schriften den Menschen?

Eine deutliche – wenn auch implizite – Anthropologie läßt sich in den synoptischen Evangelien, die die Botschaft Jesu tradieren, und in den Paulusbriefen erkennen[8]. Ausgangspunkt dieses Kapitels muß die Botschaft Jesu sein, wobei diese hier nicht historisch-kritisch im Detail befragt, sondern in den synoptischen Grundzügen dargestellt wird. Als ihre grundlegende These wird sich herausstellen: *Die Würde des Menschen liegt ausschließlich in Gott.*

1. Die Anthropologie der synoptischen Jesustradition

1.1 Der Mensch als Geschöpf (Die Herkunft des Menschen)

Daß der Mensch Gottes Geschöpf ist, setzt Jesus mit allen Juden voraus. Diese Geschöpflichkeit ist aber nicht mit Natürlichkeit zu verwechseln. Sie ist von Genesis 1–3 her verstanden. Der Mensch ist nicht irgendein Geschöpf, sondern als Ebenbild Gottes (*eikón theóu*: Gen 1,27) erschaffen, als Mann und Frau, und als Gottes Verwalter auf der Erde. Jesus thematisiert dies nicht eigens, spielt aber darauf an (Mt 5,45 und Mt 10,29–31). Diese grundsätzliche erhaltende Fürsorge Gottes entfaltet Jesus paradigmatisch in Mt 6,25–33, in der Spruchreihe vom Sorgen. *Sóma* ist hier die äußere Erscheinung, der Leib, *psyché* der Körper bzw. das vitale Leben. Leib und Leben werden von Gott garantiert und limitiert (V.27). Dabei gilt zunächst für jedes Schöpfungsglied dieselbe Garantie, für die Vegetation wie für die Vögel und die Menschen. Juden wissen dies besonders, denn sie kennen Gott als ernährenden Vater. Nur Heiden müssen aus Unkenntnis im Sinne verzehrender Vorsorge für ihren Unterhalt sorgen. Aber auch die Juden scheinen dieses Grunddatum vergessen zu haben. Denn Jesus muß seine Hörer in der Bergpredigt daran erinnern und ihr Kinder-Gottes-Sein erst aufdecken. Daß diese Sorge (*mérimna*) ein anthropologisches Grundverhalten ist, erläutert die Geschichte vom reichen Kornbauern (Lk 12,16–21). Die Erinnerung Jesu an das Kind-Sein geschieht am gewichtigsten und zugleich einfachsten in der Vaterunser-Belehrung der Bergpredigt (Mt 6,5–13). Diese Gebetsbelehrung ist ganz von der Vater-Anrede und dem damit zusammenhängenden Verständnis bestimmt. Als guter Vater tut Gott von sich aus alles Notwendige für seine Kinder. Sie brauchen eigentlich gar nicht zu beten. Das kurze Vaterunser-Gebet selbst beschränkt die Bitten auf drei zentrale Punkte:

a) das Kommen der Gottesherrschaft, das das Tun des Gotteswillens impliziert
b) die Bitte um das Brot, das pars pro toto für Lebenserhaltung steht
c) die Bitte um Vergebung der Schuld, die das Verhältnis zu Gott und zu den Mitmenschen betrifft.

Aus diesen drei Bitten läßt sich eine implizite Anthropologie erschließen, die direkt auf Jesus zurückgeht. Ihre Motive sind:

a) die Menschen stehen immer vor Gott
b) Gott erhält die Menschen.

Diese Motive lassen sich folgendermaßen ausführen:
Ad (a): Die Menschen stehen immer vor Gott. Sie sind betende Wesen, die mit Gott sprechen und ihr Leben und ihr Heil bei ihm suchen. Er hört sie und kennt sie.
Ad (b): Er erhält sie. Er gibt ihnen Nahrung, Kleidung und die Unschuld, aus der allein sie leben können und die sie sich selbst ebensowenig wie ihr Leben schaffen können. Pointiert gesprochen: Die Menschen sind äußerlich und innerlich ganz von Gott abhängig bzw. werden ganz von ihm erhalten. *Es gibt den Menschen nur von Gott und vor Gott.*
All dies hat Jesus nur auf »die verlorenen Schafe aus dem Haus Israel« (Mt 10,6 und 15,24) bezogen. Die Heiden, d.h. die Nicht-Juden, sind nicht in seinem Blick (Mt 10,5 »Geht nicht zu den Heiden«). Eine universale Anthropologie liegt ihm ganz fern. Sie entwickelt sich erst nach seinem Tod und seiner Auferstehung. Er denkt und versteht Schöpfung israelzentriert. Einzelne Begegnungen mit Heiden (Syrophönizierin) ändern daran nichts. Jesus hat eine Aufgabe (»Ich bin gekommen, um Feuer auf die Erde zu werfen«: Lk 12,49), keine Menschendeutung. Diese endzeitliche Aufgabe betrifft Israel, nicht die Menschheit.

1.2 Der Mensch als Schuldner und als Erneuerter angesichts der kommenden Gottesherrschaft (Die Perspektive des Menschen)

Es gibt die Menschen aber nur »auf Gott hin«. *Das* ist die Perspektive des Menschen. Denn für Jesus ist Gott nicht primär der Schöpfergott. Er selbst erfährt ihn als den kommenden Gott, als den Gott, dessen Herrschaft nahe herbeigekommen ist (Mk 1,15). Zu diesem Gott sollen die Menschen umkehren und sich auf sein Kommen vorbereiten. Daß Israel – denn faktisch geht es Jesus auch hier nur um Israel – Buße tun und umkehren soll, hat zuerst Johannes der Täufer erkannt (Lk 3,3.7–9; Jesus Lk 13,1–5). Seine Gerichtspredigt entzieht Israel sein Selbstverständnis als Abrahamskinder. Statt dessen werden die Menschen in Israel zuerst von Johannes und dann von Jesus auf ihre nicht gelebte Gotteskindschaft hin angesprochen und im Zeichen der anbrechenden Gottesherrschaft neu auf sie hingewiesen (»da-

mit ihr Söhne eures Vaters im Himmel werdet«: Mt 5,44f par). In diesem Zusammenhang ist das Gleichnis vom verlorenen Sohn Lk 15,11–32 besonders wichtig. Es handelt sich um ein Vatergleichnis. Der Vater ist als Liebender, Sich-Erbarmender und Verzeihender dargestellt. Der Sohn hat sich »versündigt«. Er bekennt seine Schuld und kommt in großer Not zum Vater. Der Vater nimmt ihn bedingungslos auf. Das Verhältnis zwischen Vater und Sohn und Sohn und Vater läßt sich auf das Verhältnis zwischen Gott und Menschen anwenden. Dasselbe Verhältnis von bekannter Schuld und Vergebung stellt die Erzählung vom Pharisäer und Zöllner dar (Lk 18,10–14).
Jesus selbst tut die »Zeichen« des kommenden Gottesreiches und bringt dies damit schon punktuell in die Welt. Diese Zeichen sind

a) Heilungen (Lk 11,20; Lk 17,21)
b) Speisungen und Tischgemeinschaft mit »Sündern und Zöllnern« (Lk 7,33f.)
c) Sündenvergebung (Mk 2,1–12; Mk 2,17c).

Damit handelt Jesus vorwegnehmend wie Gott selbst: Er schenkt Gesundheit und Leben und vergibt die Sünden. Dadurch ruft er Israel erneut in die Gotteskindschaft. Denn so sollen Gottes Kinder sein: Sie sollen leben und Gesundheit haben und recht vor Gott und auf Gott hin leben. Die Botschaft von der kommenden Gottesherrschaft und die sie einleitenden Zeichen Jesu decken also auf, daß die Menschen Gott verantwortlich sind und zugleich von ihm erhalten werden.

1.3 Der Mensch, der Gottes Willen tut (Die Bestimmung und Möglichkeit des Menschen)

Das Tun des Willens Gottes ist für Jesus die Bestimmung des Menschen, eine Bestimmung, die seiner Herkunft und seiner Zukunft entspricht. Der Mensch ist nicht einfach ein Stück Natur, sondern ein Geschöpf. Und er wird nicht einfach vergehen, sondern auf ihn wartet die Gottesherrschaft. Dieser ausgerichteten Existenz entspricht das Verhalten des Menschen. Auch sein Verhalten ist nicht ohne Ziel und ohne Weisung, nicht einfach nutz- und selbstbestimmt. Vielmehr soll er Gottes Willen entsprechen. Jesu Lehrreden und Gleichniserzählungen legen diesen Gotteswillen selbständig und vollständig für Israel aus. Dieser Wille Gottes formiert den wahren, d.h. den guten Menschen. Sein Bild läßt sich aus zwei Textzusammenhängen der Bergpredigt zeichnen: aus den Seligpreisungen (Mt 5,1–10) und aus den Antithesen (Mt 5,21–48).
Zugleich ist Jesus selbst ein Beispiel des Menschen, der Gottes Willen tut. Die Evangelien zeigen dies exemplarisch an der Jüngerbelehrung für eine Dienstexistenz in Mk 10,42–45 und vor allem an der Passion Jesu (bes. Mk 14,32–42 Gethsemane: Ergebung in den Willen Gottes).

1.4 Wichtige anthropologische Bestimmungen bei Jesus

Der Mensch, der den Willen Gottes tut, empfängt von dorther seine Würde und seine Ehre. Andere Möglichkeiten, Würde und Ehre zu empfangen, werden damit zurückgedrängt. In Israel lag die Würde des Menschen in gewissen Kreisen in der Frömmigkeit (bei allen Religionsparteien, besonders bei den Pharisäern). Die Größen, in denen sich Frömmigkeit vollzog, waren Beten, Fasten und Almosengeben. In der Bergpredigt sind Sprüche Jesu zu diesen drei Größen zusammengestellt (Mt 6,1–4: Almosen; 5–15: Beten; 16–18: Fasten). Frömmigkeit ist nach Jesus nur dann legitim, wenn sie nicht öffentlich und konzentriert geübt wird. Sie gibt also keine Ehre, sondern ist ausschließlich Gott gewidmet. Letztlich ist sie eine Herzensbewegung (Lk 18,9–14; Lk 21,1–4; Mt 6,8: »Euer Vater weiß, was ihr braucht«). Auf keinen Fall soll sie das Leben des Menschen nach außen bestimmen. Jesus fastet nicht öffentlich. Die Frömmigkeit konnte sich auch als rituell und kultisch adäquates Verhalten artikulieren, besonders bei Sadduzäern und Essenern. Jesus hat sich zu diesem Bereich punktuell sehr kritisch geäußert (Mt 15,1–20 par; Mt 23). Ritus (Reinheit) und Kultus (Tempeldienst) bringen dem Menschen keine Würde und wenn, dann falsche Ehre (Mt 23,5–7). Weder Frömmigkeit noch Kultus und Ritus sind entscheidende Bestimmungen des Menschen.

Andere Kreise in Israel setzen auf die Macht, konkretisiert in Herrschaft und Reichtum, aus der sie Würde und Ehre beziehen wollten. Jesus übt hier schneidende Kritik: »Ihr wißt, daß die, die als Herrscher gelten, ihre Völker unterdrücken und die Mächtigen ihre Macht über die Menschen mißbrauchen. Bei euch aber soll es nicht so sein« (Mk 10, 42f.). Vielmehr sind Demut und Barmherzigkeit, Hinwendung zu Gott und Tun des ganzen Gotteswillens die Bestimmung des Menschen vor und zu Gott. Jesu Anthropologie versteht den Menschen von Gott her, und zwar von einem Gott her, der Schöpfer, Vater, Stifter, Garant des Guten und Vergebender ist. Die Essenz der Anthropologie Jesu liegt in der Gottebenbildlichkeit des Menschen, die als Kindschaft ausgelegt ist: »… damit ihr Söhne eures Vaters im Himmel werdet … ihr sollt also vollkommen sein, wie es auch euer himmlischer Vater ist« (Mt 5, 45–48). Die Gottebenbildlichkeit ermöglicht Vollkommenheit. Diese ist nicht kultisch verstanden, sondern ethisch im Sinne des ›Tuns des Willens Gottes‹ zu vollziehen.

Eine Zusammenfassung dieses Menschenverständnisses gibt das Gleichnis von den Arbeitern im Weinberg (Mt 20,1–16). Vor Gott hat kein Mensch Lohnansprüche, die ihm Ruhm bringen könnten. Gott erhält alle Menschen und gibt ihnen Lohn. Hier ist die *anthropologische* Notwendigkeit des Verzichts auf eigenen Ruhm als *theologische* Notwendigkeit dargelegt.

2. Die Anthropologie der Paulusbriefe

Dieser Abschnitt bildet das Zentrum unserer Darstellung. Denn bei Paulus finden sich Elemente einer eigenen Anthropologie, die über das einfache Verstehen des Menschen hinausführen. Er benutzt ein strukturiertes Vokabular, das an manchen Punkten so etwas wie eine Terminologie wird. Sein Vokabular hat sich aber noch nicht so weit geklärt und terminologisch verfestigt, daß es sinnvoll wäre, eine paulinische Anthropologie in engerem Sinne anhand der Terminologie zu entwerfen. Ich verfahre daher induktiv und stelle zuerst einige Strukturen des paulinischen Menschenverständnisses dar. Die Strukturen, die ich herausarbeite, entnehme ich einigen wichtigen Textzusammenhängen. Denn Paulus hat keinen anthropologischen Grundtext, von dem aus man seine Anthropologie vorstellen könnte.
In einem zweiten Schritt stelle ich dann das anthropologische Vokabular des Paulus vor. Am Anfang soll folgende allgemeine Orientierung stehen: *Paulus hat keine eigentliche Anthropologie.* Er fragt weder wissenschaftlich noch vorwissenschaftlich nach *dem* Menschen. *Er hat höchstens eine spezifische christliche Anthropologie.* Denn seine Überlegungen gelten dem *neuen* Menschen in Christus und seinem Heil. Er macht in diesem Zusammenhang wichtige Aussagen zu der Frage: Wie erfaßt man den Menschen theoretisch? – ohne allerdings selbst diese Frage zu stellen. Daher ist es unsere Aufgabe, seine unterschiedlichen Aussagen zum Menschen darzustellen und auf ihre Bedeutung für die anthropologische Grundfrage hin zu bedenken. So erhalten wir zwar keine paulinische Anthropologie, weil es diese nicht gibt, wohl aber Beiträge zu seinem Verständnis des Menschen, die wir anthropologisch weiterdenken können.

2.1 Die Strukturen des paulinischen Menschenverständnisses

Erste Struktur: Schöpfung – Sünde – Gesetz – Tod

Diese Struktur entwickelt Paulus in dem Textzusammenhang Röm 1–3. Paulus entwickelt hier folgende These: Gott hat die Menschen auf ihn selbst hin geschaffen. Ihre Aufgabe war, ihn zu verehren und ihm zu danken. Die Menschen aber haben sich eigene Götter gemacht. Dies führt zur Verehrung der Geschöpfe statt des Schöpfers und im Fall anthropomorpher Götterbilder sogar zur Selbstverehrung (1,23). Die Folgen waren: sündiges Leben im Verstoß gegen natürliches und göttliches Gesetz. Deshalb fehlt allen Menschen die Gerechtigkeit, die vor Gott gilt. Dies differenziert Paulus ausführlich nach Heiden und Juden.
Anthropologisch relevant ist die Vorstellung, daß die Menschen ihre Eigentlichkeit in der richtigen Gottesverehrung und dem Verzicht auf Selbstverehrung finden, daß sie aber insgesamt weder göttlichem noch menschlichem Gesetz folgen können, sondern äußerlich wie innerlich gesetzlos und destruktiv leben.

Zweite Struktur: Schöpfung – Neuschöpfung

Diese Struktur entfaltet Paulus im 15. Kapitel des 1 Kor (1 Kor 15, 44ff; vgl. Röm 5,12ff). Paulus kann eine Analogiebeziehung zwischen der Schöpfung Gottes und der eschatologischen Neuschöpfung erkennen. Protagonist der Schöpfung ist dabei Adam, Protagonist der Neuschöpfung ist Jesus Christus als ›zweiter‹ oder ›neuer‹ Adam. Anthropologisch relevant ist die Vorstellung, daß alle Menschen entweder zum ersten oder zum zweiten Adam gehören und dessen Schicksal teilen. Die Menschen in Christus werden sein Auferstehungs- und Neuschöpfungsschicksal teilen.

Dritte Struktur: In Christus sein

Diese Struktur läßt sich an 2 Kor 5,17 und an Röm 3; 5 und 6 erläutern. Paulus stellt wieder eine christologische Beziehung her: Wer zu Christus gehört, ist schon Glied der neuen Schöpfung. Die erste Schöpfung hat keinen Zugriff mehr auf ihn. Das gilt im Verhältnis zu Gott. Dies ist jetzt nicht mehr durch Schuld, sondern durch Versöhnung (*katallagé*) bestimmt. Das Rechtsverhältnis zwischen Gott und Mensch ist in Ordnung gebracht, und zwar durch Jesus Christus. Daher gilt für die Menschen ›in Christus‹ nicht mehr die Ungerechtigkeit, sondern die Gerechtigkeit vor Gott (Röm 3: Gerechtigkeit statt Ungerechtigkeit, *dikaiosyne* statt *adikía*). Durch Glauben (Röm 5) und Taufe (Röm 6) wird man ein ›Mensch in Christus‹. Anthropologisch relevant ist diese Struktur vor allem für das Selbstverständnis des christlichen Menschen. Er ist nicht mehr auf sich selbst zurückgeworfen, sondern lebt in einem neuen Kontext.

Vierte Struktur: Das »Ich«

Diese Struktur hat Paulus nur einmal in Römer 7 dargestellt. Römer 7 ist der am stärksten anthropologisch argumentierende und zugleich schwierigste Text bei Paulus, obgleich auch dieser Text nicht eigentlich eine Anthropologie enthält. Paulus spricht hier vom Menschen allgemein in der beteiligten Form des Ich. Der Text entwirft eine ideale Autobiographie des geschöpflichen Menschen. Der Mensch (*egó*) befindet sich zwischen folgenden Größen: Gesetz / Gebot – Begierde – Sünde / Böses – Fleisch / Glieder – Leib – Tod. Er ist diesen Größen ausgeliefert und muß sterben. Jesus Christus ist aber seine Rettung (Röm 8,1). Dieser Text soll in seinem Kontext und seiner Argumentation ausführlicher dargestellt werden.

Röm 7 ist Bestandteil einer dichten Argumentation, die von Röm 5,1 – 8,39 reicht. Paulus setzt sich in diesen vier Kapiteln mit der Frage auseinander, welche Bedeutung die »Rechtfertigung aus Glauben« (5,1) für das Leben der Christen (5,2 »die Gnade, in der wir stehen«) im Angesicht der bleibenden Größen Tod, Sünde, Gesetz (5,12–13) und Fleisch (8,13) habe. Der gerechtfertigte Mensch, der in Christus lebt (8,1), wandelt in der Neuheit des Lebens (6,4). Die Versöhnung mit Gott (5,11), die Gnade Gottes (5,21) und der Geist Gottes bzw. der Geist Christi (8,9) haben den Menschen von der Macht des Gesetzes, des Todes, der Sünde und des Fleisches befreit. Die

Argumentation von Röm 5–8 dient der Darstellung des Sachverhaltes: »Jetzt gibt es keine Verurteilung mehr für die, welche in Christus Jesus sind« (8,1). Es handelt sich also um die ausführliche Darstellung eines Freispruchs, und zwar des Freispruchs des Menschen durch Gott. Röm 8,31–34 faßt diesen Freispruch zusammen: Es gibt keine Widersacher mehr (8,31), keine Beschuldigung (8,33), kein Verdammungsurteil (8,34). Damit hat Paulus schlüssig dargelegt, daß der allgemeine Schuldspruch Gottes über alle Menschen (3,19f: »damit ... die ganze Welt vor Gott schuldig wird«) für alle jene Menschen, die an Christus glauben (3,26), tatsächlich aufgehoben ist. Eine solche Aufhebung des Urteils über die Menschen, das Paulus in Röm 1–3 mit äußerstem Ernst und furchtbarer Konsequenz für Juden und Heiden gesprochen hat, bedarf einer ausführlichen Begründung. Hier stehen einzelne komplizierte Fragen an. Die kompliziertesten sind die beiden folgenden: Weshalb konnte das Gesetz Gottes nicht die Gerechtigkeit des Menschen herstellen? Und: Welche Reichweite und Macht haben Gesetz – Sünde – Fleisch und Tod im Leben der Menschen, die an Christus glauben, aber noch nicht in der Herrlichkeit leben (8,18), sondern erst »auf Hoffnung« gerettet sind (8,24)? Röm 5–8 behandelt diese Fragen im Rahmen einer sehr komprimierten Darstellung der christlichen Existenz derjenigen Menschen, die in Christus sind (8,1). Die Einzelschritte der Argumentation müssen hier nicht nachgezeichnet werden. Das Gesetz (*nómos*) wird hauptsächlich in Kap 7 thematisiert, während die Mächte Sünde und Tod in Röm 5–8 immer wieder begegnen, die Reichweite des Fleisches dagegen in Kap. 8 behandelt wird.

Die Argumentation von Röm 7 setzt viermal ein: 7,1 (Wißt ihr denn nicht), 7,7 (Was sollen wir nun sagen?), 7,14 (Denn wir wissen) und 7,18 (Denn ich weiß). Sie endet mit einer Danksagung in 7,25 (Dank sei Gott). 7,1–7,6 erweist Paulus die Freiheit der Menschen vom Gesetz mit Hilfe einer Analogie aus dem Eherecht. Die Grundaussage über das Gesetz lautet: *Nach Christi Tod und Auferstehung hat das Gesetz seine Herrschaft über die Menschen verloren.* An diese Aussage schließen sich zwei Klarstellungen an. *Erstens* setzt sich Paulus in Röm 7,7–13 mit der Frage des Verhältnisses von Gesetz und Sünde auseinander. Mit Hilfe einer kurzen mythisch formulierten adamitischen Ideal-Autobiographie kommt er zu einer Differenzierung: Das Gesetz ist heilig. Trotzdem bringt es den Menschen den Tod, indem es ihre Sünde meßbar und erkennbar macht. Daher gilt: Das Gesetz Gottes hat die Sünde sichtbar und bestrafbar gemacht. Das Ich ist das Ich Adams, der vor dem Sündenfall ohne Gesetz lebte, der durch die Begierde zur Sünde verführt wurde (Gen 3) und sterben mußte. Paulus verweist nicht mehr eigens wie in Kap. 5,12ff auf Adam. Er hat dort schon nachgewiesen, daß durch Adam die Sünde und der Tod in die Welt gekommen sind (5,14 »Übertretung« Adams), so daß die Sünde schon lange vor dem Gesetz, das Mose gegeben wurde, in der Welt war (5,14). Paulus scheint nun in diesem Text in eigenartiger Weise das Verbot Gottes an Adam und das Gesetz des Mose miteinander zu verschmelzen. Ebenso gehen auch Begehren und Sün-

de ineinander über. Adam lebte zunächst ohne Sünde. Seine Begierde stammt dann nicht von der Konfrontation mit dem Gesetz, sondern von seinem Verlangen nach dem Paradiesesapfel, der ihm von Gott verboten war. Schließlich verschmelzen Adam und das »Ich«, so daß die wesentlichen Stadien der Unheilgeschichte der Menschheit in der Autobiographie des frommen Juden Paulus wiederbegegnen. Diese Autobiographie erweist: Das Gesetz ist (trotzdem und weiterhin als solches) geistlich.
Zweitens schließt Paulus eine weitere autobiographisch gestaltete Erörterung an, die in zwei Teile gegliedert ist (7,14–17 und 7,18–25). Diese Ausführung stellt nicht eine mythische, sondern eine psychologisch-konfessorische ideale Autobiographie dar. In der zweiten Ideal-Anthropologie gewährt Paulus den Römern einen Einblick in seine – ideal gedachte – Person, sein Ich (*egó*). Er argumentiert in zwei Gegensatzreihen. In 7,14–17 stellt er sich als gespaltene Person dar, deren Ich gleichzeitig »unter die Sünde verkauft« ist und doch voluntativ auf der Seite des geistlichen Gesetzes steht. Anthropologisch diagnostiziert Paulus hier bei sich als frommem Juden eine Persönlichkeitsspaltung. Das Willenszentrum ist gestört, so daß Wollen und Tun auseinanderklaffen. Diese anthropologische Analyse vertieft er, indem er die theologischen Größen Gesetz / Geist und Sünde (= Gesetzesverfehlung / Fleisch) einführt. Dadurch wird das Ich nicht mehr nur als gespalten diagnostiziert, sondern es wird als entfremdet und von der Macht der Sünde besetzt verstanden. Der Anknüpfungspunkt für den Geist aber bleibt auch hier erhalten: der Wille (*thélema*).
In 7,18–25 führt Paulus diese Gespaltenheit des Ich weiter aus. Einerseits ist sein Ich durch »das Fleisch« (*sárx*) bestimmt. Sein Fleisch und seine Glieder (*méle*) sind von der Macht der Sünde beherrscht. Die Sünde regiert daher im Ich. Folge ist das Tun des Bösen. Andererseits diagnostiziert Paulus auch hier wieder den Willen zum Guten bzw. die Lust an Gottes Gesetz in seiner Person bzw. in seinem ›inneren Menschen‹. Paulus verwendet zusätzlich den Begriff *nóus*, d.h. Verstehen, Verstand, Einsicht, Urteilsvermögen (7,23). So stehen Wille zum Guten, Lust am Gesetz Gottes, innerer Mensch und Urteilsvermögen gegen die Macht der Sünde, ohne aber stark genug zu sein. Die Entfremdung des Ich von seinem Willen und seiner Einsicht ist bleibend. Daher schließt Paulus mit dem Ausruf: »Ich unglücklicher Mensch!« Dies ist nicht nur Klage, sondern anthropologisch relevantes Urteil, das für jeden Menschen gilt. Paulus schließt eine Frage an: »Wer wird mich aus diesem dem Tod verfallenen Leib erretten?« Hier ist vorausgesetzt, was Paulus in Röm 5 und 6 aufgrund von Gen 3 dargelegt hat, daß die Sünde zum Tod des Menschen führt, und zwar zum Tod des Ich (*sóma*). Die Lösung dieser Frage stellt Paulus dann in Kap. 8 dar, das dem Leben im Geist gewidmet ist. Kap. 7 schließt mit dem Aufschrei nach Erlösung aus der Gespaltenheit des Ich.
Die beiden autobiographischen Argumentationen ergänzen sich gegenseitig und sollen im Kontext von Röm 3–8 die bleibende Göttlichkeit des Gesetzes für alle Menschen seit Adam (!) und für das Leben jeder einzelnen Per-

son sicherstellen, nachdem Paulus nachgewiesen hat, daß das Gesetz für die Menschen in Jesus Christus nicht mehr gilt.
Was bedeuten diese Aussagen für die Anthropologie des Paulus? ›Den Menschen‹ gibt es für Paulus nur in zwei Zusammenhängen: als Menschen *von* und *vor* Gott, d.h. als Menschen in der Verantwortung vor Gott, und als individuelle, verantwortliche Person, als »Ich«, d.h. als Menschen in der Verantwortung für sich selbst – einer Verantwortung, die letzten Endes wieder Verantwortung vor Gott ist.
Hier ist nun der Ort des Gewissens bei Paulus. Das Gewissen, *synéidesis*, ist das individuelle Gerichtsforum der einzelnen Person, das Paulus dem göttlichen Endgericht parallelsetzen kann: »Deshalb ist es notwendig, Gehorsam zu leisten, nicht allein aus Furcht vor der Strafe (*orgé*, d.h. Endgericht), sondern vor allem um des *Gewissens* willen« (Röm 13,5). So ist das Gewissen für die Heiden, die ja das Gesetz Gottes nicht haben, der personale Gerichtshof (Röm 2,12–16). Die Bedeutung des Gewissens als des persönlichen Forums schärft Paulus besonders den Korinthern ein (1 Kor 8,7.10.12; 10,25.27.28.29).

Fünfte Struktur: Im Geist oder nach dem Geist leben

Diese Struktur läßt sich an Röm 8 und Galater 5 (bes. 5,13–26, V.25) erläutern. Die Autobiographie des geschöpflichen Menschen wird durch Tod und Auferweckung Jesu Christi in neue Koordinaten eingespannt. Jetzt wird der Mensch von Jesus Christus und dem Geist regiert. Damit lebt er in Hoffnung auf die Auferweckung von den Toten (Röm 8,10–11). Zugleich sind die Menschen in Christus zu einem Leben aus dem Geist in der Liebe und den anderen gottesdienstlichen und mitmenschlichen Charismen befreit.
Anthropologisch relevant ist hier die offene Struktur, in der der christliche Mensch leben kann: nicht mehr auf sein Todesschicksal festgelegt und nicht mehr an die Selbstsucht gefesselt.

2.2 Das Vokabular des paulinischen Menschenverständnisses

Wir haben bisher gefragt, in welchen unterschiedlichen Strukturen Paulus den Menschen beschreiben kann. Stets ist der Mensch nicht er selbst, sondern Glied in einem Gefüge, das ihn bestimmt und in dessen Rahmen und Grenzen er agiert. Bevor nun diese Strukturen miteinander in Verbindung gesetzt werden können und damit so etwas wie eine ›paulinische Anthropologie‹ dargestellt wird, müssen wir zunächst eine andere Dimension paulinischen Menschenverständnisses betrachten: sein Vokabular, und zwar das anthropologisch qualifizierte Vokabular.
Zunächst einige allgemeine Vorbemerkungen. Das eigentliche anthropologische Vokabular ist reich. Paulus interessiert sich für die innere Organisation des Menschen, für seine Leiblichkeit, seine Lebendigkeit, seine geistigen und seelischen Fähigkeiten und ihre Trägerorgane. Auch das Vokabular der Mächte im Menschen und um den Menschen ist differenziert. Paulus be-

obachtet die Abhängigkeit des Menschen von sich selbst und von äußeren Faktoren. Er leidet darunter und klagt darüber (Röm 7). Christus hat die Menschen von allen diesen Mächten befreit oder wird sie endgültig von ihnen befreien: von der Sünde, vom Gesetz und vom Tod. Hier setzt das Vokabular des neuen Menschen ein, der im Geist wandelt. Es ist das Vokabular der Charismen, zusammengefaßt in der Trias Glaube, Hoffnung, Liebe (1 Kor 13,13).

Das Grundvokabular

Das Grundvokabular, das Paulus zur Beschreibung des Menschen verwendet, bezieht sich auf die Leiblichkeit des Menschen und auf seine inneren Kräfte. Hier werden die wichtigen Begriffe Leib, Leben, Verstand, Herz und Fleisch vorgestellt. Es muß darauf hingewiesen werden, daß die theologischen Größen Gesetz, Sünde und Tod den Rahmen bilden, der den ›natürlichen‹ Menschen versklavt, während Christus und der Geist Gottes den Menschen von diesen Mächten befreien. Nicht nur Gesetz und Sünde, sondern auch der Tod ist – Paulus ist auch hier Ausleger von Gen 1–3 – nicht primär eine anthropologische, sondern eine theologische Größe, da Adam nicht für den Tod erschaffen wurde. Der Tod kam erst durch die Begierde Adams und Evas in die Schöpfung. Diese Aussage ist von großer anthropologischer Bedeutung. Der Mensch wird so nahe an Gott herangerückt, daß er niemals als rein physisches Wesen zwischen Entstehen und Vergehen betrachtet werden kann.

Leib (sóma)

Der Ausdruck meint den einzelnen Menschen in seiner Existenz. Leib ist der wichtigste paulinische anthropologische Ausdruck. Er beschreibt das Selbst-Sein bzw. Individuum-Sein von der Leiblichkeit des Menschen aus. R. Bultmann formuliert pointiert: »Der Mensch *hat* nicht ein *sóma*, sondern er *ist* ein *sóma*«[9]. Paulus kennt drei Bereiche, in denen der Mensch, der *sóma* ist, lebt: Der *geschöpfliche* Mensch zwischen Geburt bzw. Leben (*zoé*) und Tod (*thánatos*) *ist* Leib. Dieser Leib, d.h. die Person, stirbt. Der *erlöste* Mensch »in Christus« stellt seinen Leib in den Dienst Gottes. Der *vollendete* Mensch wird einen neuen himmlischen Leib haben (1 Kor 15).
Die anthropologische Bedeutung des Leib-Begriffs bei Paulus liegt zunächst in dem Realismus, mit dem der Mensch als leibliches Wesen verstanden und bei seiner Endlichkeit behaftet wird: Der Leib ist und bleibt »der Leib des Todes« (Röm 7,24). Andererseits versteht Paulus diesen Leib auch als Garantie der Person über den Tod hinaus und öffnet den Begriff für eine zukünftige, ›himmlische‹ Dimension.

Leben (psyché)

Der Ausdruck *psyché* meint »die Kraft des (natürlichen) Lebens bzw. dieses selbst«[10]. *Psyché* meint in diesem Zusammenhang also gerade nicht die Psyche des Menschen, sondern seine Physis. Insoweit kann *psyché* auch für die Person stehen (z.B. Röm 2,9; 13,1) und die etwas engere Bedeutung der Intentionalität des Menschen annehmen (1 Kor 1,10). Weil es sich um das natürliche Leben (nach Gen 2,7) handelt, ist es auch verständlich, daß Paulus dort, wo er von dem vollendeten endzeitlichen Leben bei Gott spricht, das natürliche Leben abwertet (1 Kor 15,44.46 und 1 Kor 2,14). Diese Abwertung ist nicht dualistisch gemeint, sondern weist – und dies ist allgemein anthropologisch relevant – auf die Endlichkeit des physischen Lebens hin. Paulus kann auch den Begriff Geist (*pnéuma*) für die Person verwenden (z.B. 2 Kor 7,13). Dabei kann »das Ich als ein bewußtes oder wissendes« bezeichnet werden (z.B. Röm 8,16)[11].

Verstand (nóus)

Dieser Aspekt kommt in dem Begriff *nóus* deutlicher zum Ausdruck. Mit *nóus* ist aber »nicht die Vernunft oder der Verstand als ein besonderes Organ gemeint, sondern das *Wissen um etwas, das Verstehen und Urteilen*, das dem Menschen als solchem zu eigen ist«[12]. Beispieltexte sind 1 Kor 14,14–19; 1 Kor 1,10; Röm 12,2. In Röm 2,23 ist dann der *nóus* »das eigentliche Ich des Menschen«[13].

Herz (kardía)

Das Herz ist zunächst wie Leib und Verstand eine weitere Bezeichnung für das *»Ich als ein ...wollende(s), planende(s), trachtende(s)«*[14] (z.B. 2 Kor 3,14f.; Phil 4,7). Allerdings überwiegen bei dem Herzen die Aspekte des »Strebens und Wollens wie der Bewegtheit durch Gefühle (Schmerz und Liebe)«[15]. Das Wollen kann durch den entsprechenden Begriff des Willens (*thélema*) oder des Wollens (*thélein*) ausgedrückt werden (bes. Röm 7 pass.). Die Gefühle spielen für Paulus insgesamt eine große Rolle. So kann er an die Korinther schreiben: »Wenn ich euch so sehr liebe, soll ich deswegen weniger Liebe empfangen?« (2 Kor 12,15).

Fleisch (sárx)

Auch Fleisch ist ein zentraler Begriff für Paulus. »*Sárx* bedeutet zunächst ›Fleisch‹ im Sinne der materiellen Leiblichkeit des Menschen; es ist im Unterschied von *kéras*, dem zum Genuß dienenden Fleisch der Tiere... das belebte Fleisch des Menschen, lebendig in seinen sinnlichen Äußerungen und greifbar der sinnlichen Wahrnehmung«[16]. Dahinter steht der alttestamentliche Begriff *basar*. Weiter bezeichnet auch Fleisch die Person, den Menschen (2 Kor 7,5). Nun erhält ›Fleisch‹ bei Paulus häufig einen negativen Akzent, und zwar wenn ›Fleisch‹ dem ›Geist‹ (*pnéuma*) Gottes oder Christi entgegengesetzt wird (z.B. Röm 1,3.4). Dann wird durch Fleisch »die ganze Sphäre des Irdisch-Natürlichen« bezeichnet[17], die für Paulus letztenendes unter den Mächten der Sünde und des Todes steht. ›Fleisch‹ und ›fleischlich‹ bzw. ›nach dem Fleisch‹ sind daher nicht primär moralische Kategorien, sondern primär anthropologische Bestimmungen: der Mensch der gegenwärtigen gefallenen Schöpfung, dessen Gottesbeziehung tief gestört ist.

Paulus beschreibt und reflektiert den Menschen als ein zutiefst relationales Wesen, als ein Wesen, das eine Grundbeziehung und eine Grundbestimmung hat, diese aber verfehlt und letztlich verliert. Deshalb lautet sein Urteil über die Menschen: »Was man von Gott erkennen kann, ist ihnen offenbar… Daher sind sie unentschuldbar. Denn sie haben Gott erkannt, ihn aber nicht als Gott geehrt und ihm nicht gedankt… Sie erkennen, daß Gottes Rechtsordnung bestimmt: Wer so handelt, verdient den Tod… Es gibt keinen Verständigen, keinen, der Gott sucht. Alle sind abtrünnig geworden« (Röm 1,19.20.32;3,11). Dieses Urteil ist nicht Ausdruck einer Geringschätzung oder Verachtung des Menschen im Sinne einer dualistischen Weltsicht. Es ist vielmehr ein präzises und ausschließlich theologisches Urteil, das den Menschen seit der Schöpfung in seiner Gottesbeziehung sieht. Anthropologisch folgt daraus das Verständnis des Menschen als einer gespaltenen Person, die sich selbst nicht heil machen, d.h. retten kann. Hier schließt das Vokabular des geretteten, des neuen Menschen an, für den Röm 8,1–11 gilt. Die Christen »wandeln nicht mehr nach dem Fleisch, sondern nach dem Geist« (8,4).

Das Vokabular des neuen Menschen

Neben dem ausführlichen Vokabular des geschöpflichen Menschen steht also bei Paulus ein zweites anthropologisches Vokabular: das Vokabular des neuen Menschen. Bei der hier gewählten Darstellung handelt es sich lediglich um eine logische Reihenfolge. In der Wirklichkeit des christlichen Lebens gehen diese Größen nicht etwa auseinander hervor, sondern sie bestehen alle nebeneinander und wirken ineinander.

Neuheit (kainótes)

Den Ausdruck ›neuer Mensch‹ (*kainós ánthropos*) prägt zwar nicht Paulus, sondern erst ein Paulusschüler (Eph 2,15). Aber schon Paulus formuliert den Sachverhalt: »Ist jemand in Christus, so ist er ein neues Geschöpf [oder: eine Neuschöpfung: *kainé ktísis*], das Alte ist vergangen, siehe, etwas Neues ist entstanden« (2 Kor 5,17). Der Ausdruck ›Neuschöpfung‹ begegnet noch einmal prägend am Schluß des Galaterbriefes. In Jesus Christus gilt lediglich ›die Neuschöpfung‹, nicht die Beschneidung (Gal 6,15). Daher kann Paulus auch im Römerbrief von der Neuheit des Lebens bzw. des Geistes sprechen (Röm 6,4 und 7,6). Es handelt sich bei dieser ungewöhnlichen Fügung, die sonst nirgends im Neuen Testament begegnet, um die pointierte Formulierung des ›neuen Lebens‹ und des ›neuen Geistes‹. Die Wendung ›neues Geschöpf‹ oder ›Neuschöpfung‹ ist einerseits analog zur Schöpfung des Menschen zu verstehen, andererseits von dieser unterschieden. Denn der geschöpfliche Mensch ist der Mensch, der durch *psyché* (Leben) und *sóma* (Leib) bestimmt ist und dessen Leben, da er der Sünde Raum gegeben hat, mit dem Tod endet. Es ist der Mensch mit dem sterblichen Leib (Röm 6,12 und 8,11) oder dem sterblichen Fleisch (2 Kor 4,11). Die Neuschöpfung zu Lebzeiten des Menschen, die durch Jesus Christus erfolgt ist, bezieht sich aber nicht auf Leib und Fleisch des Menschen. Beide bleiben erhalten sowie auch der Tod. Die Neuheit liegt nicht im Physischen. Vielmehr liegt die Neuheit im Verhältnis Gottes zum Menschen (nicht des Menschen zu Gott). Die Neuheit ist also ein zunächst noch einseitig ausgerichteter relationaler Begriff. Worin dieses neue Verhältnis Gottes zum Menschen besteht, zeigt der nächste Terminus: die Gerechtigkeit.

Gerechtigkeit (dikaiosýne)

Die Gerechtigkeit des Menschen nämlich wird neu definiert. Im mosaischen Bund Gottes mit den Menschen gab Gott dem Volk Israel sein Gesetz. Er gab es ihnen – so das Verständnis des Paulus – zum Leben, d.h. zur Erfüllung. Das Gesetz formulierte Gottes Willen für das Leben des Menschen, und dieser Wille Gottes ließ sich erfüllen. Als die Menschen den Willen Gottes nicht erfüllten und damit vor Gott ungerecht waren, überließ Gott sie dem Tod (Röm 1–3).

Nach dem Verständnis des Paulus gibt es, wie wir schon sahen, keine Gerechtigkeit auf seiten der Menschen, d.h. keine Lebensführung nach dem Willen Gottes, der in seinem Gesetz niedergelegt ist. Durch oder in Jesus Christus, genauer durch seinen Tod und seine Auferweckung, aber hat Gott sich über die Ungerechtigkeit der Menschen hinweggesetzt und sie erneut in einen neuen Bund aufgenommen (2 Kor 3,6.14). Er hat sie gerecht gemacht, indem er ihnen ihre Sünden, d.h. ihr Zuwiderhandeln gegen seinen Willen, vergeben hat. Diesen Sachverhalt stellt Paulus in Röm 3,21–26 dar. Christus ist hier von seinem Tod her als derjenige verstanden, der korporativ für alle Menschen Sühne geleistet hat, so daß ein neues Verhältnis Gottes zu den Menschen möglich würde.

Gerechtigkeit gibt es also in der Neuschöpfung, nun aber nicht als eigene menschliche Möglichkeit, sondern als im präzisen Sinne juristisches Urteil Gottes: »zum Aufweis seiner Gerechtigkeit zum jetzigen Zeitpunkt, damit er gerecht sei und gerecht mache den, der aus dem Glauben an Jesus ist [d.h. der an Jesus glaubt]« (Röm 3,26). Diese Gerechtigkeit kann also niemals menschliche Eigenschaft und menschliches Charakteristikum werden. Menschen können auch nach Paulus nicht ›gerecht sein‹, da die Gerechtigkeit, um Gerechtigkeit zu sein, stets vor Gott gelten muß und dies nicht kann. Sie ist und bleibt geschenkte Gerechtigkeit, Gabe der Gnade (*cháris*). So lebt der neue Mensch unter der Gnade aus der Gerechtigkeit, die Gott ihm schenkt, indem er die Sünden der Menschen vergibt.

An diesem Punkt bieten sich mehrere Begriffe für den neuen Menschen zur weiteren Darstellung an: Erlösung, Freiheit, Leben im Geist, Glaube. Sie alle sind direkt mit dieser neuen Gerechtigkeit, die Gott in Christus eröffnet, verbunden.

Erlösung (sotería)

Die zugesprochene neue Gerechtigkeit erlöst den Menschen. Daher urteilt Paulus: »Jetzt ist der Tag des Heils« (*heméra soterías*: 2 Kor 6,2). Erlösung,

Heil ist der Zustand des Versöhntseins mit Gott, den Christus durch seinen Sühnetod hergestellt hat. Diese Erlösung bedeutet für die Menschen Freiheit.

Freiheit / Wandel im Geist (eleuthería / zén bzw. peripatéin en pnéumati)
Freiheit ist kein individuelles Gefühl, sondern ein objektiver, juristischer Umstand: Die Christen sind ebenso frei von der Geltung und dem Anspruch des Gesetzes wie eine Witwe frei von ihrem verstorbenen Mann ist (Röm 7,3). Die Freiheit des Christen von der todbringenden Macht des Gesetzes formuliert Paulus in Röm 6,18: »Ihr werdet aus der Macht der Sünde befreit«. Daher gilt: »Jetzt aber, da ihr aus der Macht der Sünde befreit seid«, seid ihr Gottes Diener (Röm 6,22). Noch schärfer schreibt Paulus in Gal 5,1: »Zur Freiheit hat uns Christus befreit«. Dies gilt von dem ganzen Gesetz und hier besonders von der Beschneidung. Die Christen sind nun nicht in einen leeren Raum hinein befreit, sondern in einen neuen Zusammenhang und Anspruch getreten. Dieser Anspruch ist aber nicht ein neues Gesetz. Paulus beschreibt ihn in unterschiedlicher Weise. Ganz allgemein spricht er von einem (hier begegnet das Wort noch einmal) ›neuen Wandel‹: »So sollen auch wir in der Neuheit des Lebens wandeln« (*peripatéin en kainóteti zoés*: Röm 6,4). Paulus kann auch auffordern: »Wandelt im Geist« (*pnéumati peripatéite*: Gal 5,16). Christen sind die, die »nicht nach dem Fleisch, sondern nach dem Geist leben« (d.h. ›gemäß dem Geist‹ oder ›im Geist‹: Röm 8,4). Für Paulus entsteht daraus nicht ein neues – christliches – Gesetz, sondern ein Leben in gelebter Liebe. Denn es gilt: »Die Erfüllung des Gesetzes ist die Liebe« (*pléroma oun nómou he agápe*: Röm 13,10).

Liebe (agápe)
Die Liebe aber selbst kann kein Gesetz sein. Vielmehr ist sie Gabe des Geistes und kann geradezu für den Geist stehen. So kann Paulus vom »Wandel gemäß der Liebe« sprechen (Röm 14,15). Im 13. Kapitel des 1 Kor schreibt Paulus ausführlich über die *agápe*:

a) Die Liebe ist die höchste Geistesgabe (V.1–3).
b) Sie ist Trägerin aller menschenfreundlichen Verhaltensformen (V.4–6).
c) Die Liebe reicht bis ins Eschaton (V.7–13).

Daher gilt: »Alles was ihr tut, geschehe in Liebe« (1 Kor 16,14).

Glaube (pístis)
Die Liebe reicht bis ins Eschaton. Der Glaube dagegen ist die Kraft des Christen, die sich im gegenwärtigen Leben entfaltet und das gegenwärtige Leben des Christen ermöglicht. Im Galaterbrief und im Römerbrief entfaltet Paulus breit sein Glaubensverständnis. Der Glaube bezieht sich auf das Evangelium, die Botschaft von der Versöhnung Gottes mit den Menschen in Jesus Christus. Die Christen glauben an Jesus Christus. Paulus kann die-

sen Glauben den Werken des Gesetzes diametral gegenüberstellen: »Denn wir sind der Überzeugung, daß der Mensch gerecht wird durch Glauben, ohne Werke des Gesetzes« (Röm 3,28). Der Glaube läßt sich des näheren als die Haltung verstehen, mit der der Christ die Heilsbedeutung des Todes und der Auferstehung Jesu Christi auf seine eigene Person bezieht. Damit wird er zugleich Teilhaber jener geschenkten Gerechtigkeit Gottes. Paulus kann daher sagen: »Gerecht geworden aus Glauben, haben wir Frieden mit Gott durch Jesus Christus, unseren Herrn« (Röm 5,1).

Hoffnung (elpís)

Dieser Satz geht weiter: »Durch ihn haben wir auch den Zugang zu der Gnade erhalten, in der wir stehen, und rühmen uns unserer Hoffnung auf die Herrlichkeit Gottes« (Röm 5,2). Die Hoffnung prägt das Leben der Christen. Diese Hoffnung ist weder Optimismus noch stetiger Tatendrang, sondern die Hoffnung, die den Glauben ermöglicht und in engem Zusammenhang mit ihm steht. Diesen Zusammenhang erläutert Paulus an Abraham, dem Vater des Glaubens, in Röm 4. Paulus versteht Abraham als Vorbild des Glaubens an Gottes Schöpfer- und Erlösungskraft (Röm 4,17f). So schreibt er in Röm 4,18 über Abraham: »welcher auf Hoffnung hin [*pará* c.acc. = auf] aufgrund von Hoffnung [*epí* c.dat. = aufgrund] glaubte, daß er Vater vieler Völker würde«. »Denn auf Hoffnung hin aufgrund von Hoffnung«: Mit dieser Doppelung akzentuiert Paulus die Stärke dieser Hoffnung. Wie schwer diese Hoffnung zu leben ist, zeigt Röm 8,24: »Auf Hoffnung hin sind wir gerettet. Eine Hoffnung aber, die man sieht, ist keine Hoffnung. Wer wird nämlich hoffen, wenn er doch sieht? Wenn wir nun auf das, was wir nicht sehen, hoffen, so warten wir in Geduld [darauf]«. ›Wir sind auf Hoffnung hin gerettet‹, könnte man mit ›Wir sind im Modus der Hoffnung gerettet‹ übersetzen, wenn man Modus als Lebenswirklichkeit, d.h. als reale, nicht als virtuelle Größe versteht.

Heil, Rettung und ihr Grund, die Gerechtigkeit, sind im gegenwärtigen Leben des Christen Hoffnungsgüter. Gal 5,5 übersetzt Luther richtig: »Denn wir warten im Geist durch [ek] den Glauben auf die Gerechtigkeit, auf die man hoffen muß.« Der Modus des Hoffens ist also der des Wartens. Die *sotería* ist zugesagt und bei Gott bereits vollzogene und geltende Wirklichkeit. Für die Menschen wird sie erst im Eschaton bei Gott Wirklichkeit.

Eschatologische Existenz

Christen leben nach Paulus in gespannter Erwartung (*apokaradokía, apekdéchesthai* erwarten). Diese Erwartung bezieht sich auf die Zukunft und Ankunft Gottes in Jesus Christus als dem Richter und Retter der gesamten ersten Schöpfung sowie der einzelnen Person. Röm 8 stellt die Hoffnung auf die Rettung der gesamten Schöpfung als Warten und als Sehnsucht dar: Röm 8,18–23. Die *apokaradokía* ist ein paulinischer Neologismus, der das schmerzhafte und ernste Warten zum Ausdruck bringt. Paulus sieht die gesamte Schöpfung in diesem Zustand. In eben diesem Zustand befinden sich

die Christen (Röm 8,26f) und er selbst. Seine Sehnsucht, sein persönliches Warten auf das Kommen des Herrn und das endgültige Leben bei Gott stellt besonders Phil 1,18b–26 sehr persönlich dar. Hier bezieht sich die *apokaradokía kai elpís* auf seine eigene Person und seine Annahme durch Gott. Es kommt zu so etwas wie einem Personen- und Identitätstausch: »Für mich nämlich ist das Leben Christus und das Sterben Gewinn« (Phil 1,21). Sein eigentliches Lebensgefühl, das das Lebensgefühl aller Christen sein soll, spricht er in V.23 aus: »... ich habe Lust, aus der Welt zu scheiden und bei Christus zu sein«. Das ›Bleiben im Fleisch‹, d.h. das Weiterleben, ist lediglich für die Mission nützlich. Denn es gilt: »Denn unser Gemeinwesen ist in den Himmeln, woher wir auch den Heiland erwarten, den Herrn Jesus Christus« (Phil 3,20).
Ähnlich direkt und drängend spricht Paulus im 2. Korintherbrief von seinem Warten und seiner Sehnsucht nach Christus: 2 Kor 5,2–7. Das gegenwärtige Leben ist ein Leben der Sehnsucht (*epipothéin*), des starken Begehrens, ja der Begierde auf ein Leben im Himmel bei jenem Christus, der sich Paulus offenbart hat (Gal 1,13.16). So ist das gegenwärtige Leben ein Wandeln ›im Glauben‹. Paulus aber wünscht sich die ›Schau‹ des Göttlichen. Es gilt: »Im Glauben nämlich wandeln wir und nicht in der Schau« (2 Kor 5,7). Diese Sehnsucht nach dem ›Wandel im Himmel‹ kann Paulus an die Grenze der Weltflucht führen. 1 Kor 7,29–31 ist ein solcher Text: »Denn ich sage euch, Brüder: Die Zeit ist kurz. Daher soll, wer eine Frau hat, sich in Zukunft so verhalten, als habe er keine, wer weint, als weine er nicht, wer sich freut, als freue er sich nicht, wer kauft, als würde er nicht Eigentümer, wer sich die Welt zunutze macht, als nutze er sie nicht, denn die Gestalt dieser Welt vergeht.« Hier spricht Paulus als christlicher Apokalyptiker: »Die Zeit (*kairós*) ist kurz« und: »Die Gestalt dieser Welt (*kósmos*) vergeht«. Auf eine Zeitansage (der noch verbleibende Zeitraum vor der Parusie ist kurz) folgt eine Vernichtungsansage über den Kosmos. In diesen Rahmen stellt Paulus das Leben der Christen. Das ›als ob nicht‹ soll für den Gebrauch der Welt gelten. Trauer und Freude, Kaufen und Umgang mit der Welt sollen durch das ›Haben als hätte man nicht‹ bestimmt sein. Alle weltlichen »Geschäfte« verursachen nach Paulus »Betrübnis« oder »Bedrängnis« (7,28), die zur »Sorge« (*mérimna*) führen. Vor dieser Sorge möchte Paulus die Christen bewahren. Die Kategorien ›Angst‹, ›Bedrängnis‹ und ›Sorge‹ sind wichtige anthropologische Wirklichkeiten, die Paulus sehr realistisch versteht, z.B. als Sorge darum, Töchter christlicher Familien angemessen zu verheiraten oder eine christliche Ehe zu führen. Als christlicher Apokalyptiker kann er sehr grundsätzlich vor der Sorge warnen, in die der *kósmos* die Menschen verstrickt. Andererseits sagt er selbst, daß Christen nicht in Sorge leben müssen.
Phil 4,4–6 ist ebenfalls ein christlich-apokalyptischer Text. Hier ruft Paulus zur Sorglosigkeit angesichts der Nähe des Herrn auf: »Freut euch in dem Herrn zu jeder Zeit! Noch einmal sage ich: Freut euch! Eure Güte werde allen Menschen bekannt. Der Herr ist nahe. Sorgt euch um nichts, sondern bringt in jeder Lage betend und flehend eure Bitten mit Dank vor Gott.«

Früchte des Geistes (kárpoi tou pnéumatos)

So führt die Sehnsucht des Paulus nach der Teilhabe an der himmlischen Welt faktisch nicht zur Weltflucht, sondern zur Geduld (*hypomoné*) und zum ›Wandel im Geist‹, und die eschatologische Existenz des Wartens ist zugleich die Zeit, in der sich der Wandel der Christen entfaltet. So spirituell dies klingen mag, so praktisch versteht Paulus diese Wendung. Denn der Wandel im Geist konkretisiert sich in den Früchten des Geistes. Im 5. Kapitel des Galaterbriefes äußert sich Paulus im Zusammenhang der Polemik gegen andere Apostel, die die Beschneidung fordern, zum christlichen Wandel. Hier begegnen noch einmal die wichtigsten bisher dargestellten Begriffe und Themen: Freiheit (V.1), Gnade (V.4), die schon erwähnte Gerechtigkeit, die ein Hoffnungsgut und ein Glaubensgut ist (V.5), die Liebe, die die Erscheinungsform des Glaubens ist (V.6), die Liebe, die Erfüllung des Gesetzes ist und dieses ablöst (V.13f), und das Leben im Geist (V.16). Die Früchte dieses Lebens werden in dem sog. Tugendkatalog V.22f aufgezählt. Es handelt sich durchweg um Geistesgaben, die Erscheinungsformen der Liebe sind.

Für alles das gilt zusammenfassend: »Wenn wir im Geist leben, dann wollen wir dem Geist auch folgen« (V.25). In diesem Satz ist die Paradoxie christlicher Existenz, wie Paulus sie sieht, zusammengefaßt. Auf der einen Seite, d.h. von Gott her, ist dem Christen das neue Leben im Geist geschenkt, dem Gerechtigkeit zukommt. Auf der anderen Seite, d.h. für den sterblichen Menschen gilt: »Müht euch mit Furcht und Zittern um euer Heil« (*sotería*: Phil 2,12). Diese »Mühe« ist als jeweilige Realisierung der »Freiheit des Geistes« zu verstehen, die im einzelnen sehr unterschiedlich aussehen kann. Es gehört zur Kunst der apostolischen Gemeindeleitung und -belehrung, den Gemeinden deutlich zu machen, wie dieser Wandel in der Liebe sich im täglichen Leben realisieren läßt.

2.3 Fehlende Aspekte

Abschließend müssen wir fragen: Wie spricht Paulus nicht vom Menschen? Was fehlt in seinem Menschenverständnis?

Es fehlen verschiedene Aspekte: zunächst der Mensch als schönes Wesen und der Mensch als erotisches Wesen. Noch wichtiger ist wohl, daß der Mensch nur sehr begrenzt als freies Wesen im Sinne von Selbstbestimmung, sog. Willensfreiheit und Autarkie sowie als intellektuelles Wesen, das die Welt erfaßt, verstanden wird. Weiter fehlt der gesamte Bereich der Geschichte: der Mensch als geschichtliches und politisches Wesen, der aus einer bestimmten Geschichte und in bestimmten politischen Konstellationen lebt, von ihnen geprägt ist und sie gestaltet. Schließlich: Nirgends reflektiert Paulus auf den Menschen als kulturelles Wesen, Kultur gestaltend und in Kultur lebend.

Weshalb fehlen alle diese Gesichtspunkte, die zum Wesen des Menschen gehören und es ausmachen? Ob und wieweit Paulus diese Aspekte überhaupt gesehen hat, wissen wir nicht. Weshalb er nicht auf sie eingeht, können wir wissen. Paulus kennt nicht den Menschen, der sich selbst in Kultur und Politik verwirklicht, der seinen Körper und seine Seele pflegt, sein Ethos und seinen Intellekt ausbildet. Er kennt nur und ausschließlich den Menschen vor und aus Gott. Paulus entwirft keine autonome Anthropologie, sondern schreibt über den Menschen ausschließlich im Lichte der Offenbarung Jesu Christi. Hätte er diese Hoffnung nicht, dann würde er den Menschen von seinem jüdischen Schöpfungs- und Gesetzesverständnis her interpretieren. Autonom, d.h. ›*etsi Deus non daretur*‹ (wenn es Gott nicht gäbe), würde Paulus den Menschen niemals bestimmen.

3. Theologische Argumentationszusammenhänge des paulinischen Menschenverständnisses

3.1 Vorbemerkung

Aus dem bisher Gesagten ist deutlich geworden, daß Paulus keine Anthropologie im neuzeitlichen Sinn entwirft. Denn er hat kein Interesse daran zu fragen: Wie erfaßt man den Menschen theoretisch? Trotzdem steht der Mensch im Mittelpunkt seiner Mission und seiner Briefe, nicht aber als *der* Mensch, sondern als der *erlöste* Mensch und von dort aus auch als der *nicht erlöste* Mensch, als der Mensch unter Gottes Zorn. Es geht Paulus um das Schicksal des erlösten Menschen, um seine Rettung und um sein ewiges Heil. In diesem Licht geht es dann auch um das Schicksal des nicht erlösten Menschen, um dessen Dahingegebensein in die Sünde, um seinen Tod und um seine ewige Verdammung. Nun betreffen Tod und Endgericht den nicht erlösten und den erlösten Menschen gleichermaßen. Erst danach wird es eine endgültige Scheidung geben. Nur die Erlösten werden ›mit Christus sein‹.

Die *Erlösung* ist die Trennlinie von Gott her, der *Glaube* die Trennlinie von den Menschen her. Erlösung und Glaube entsprechen einander. Wenn Paulus also vom erlösten und vom nicht erlösten Menschen spricht, so denkt er nicht ontologisch in verschiedenen Seinsweisen oder materiell in verschiedenen Stofflichkeiten, sondern theologisch, d.h. relational von Gott aus. Aus menschlicher Sicht verläuft damit die Scheidelinie zwischen Glauben und Nicht-Glauben. Daher hat Rudolf Bultmanns Aufbau der Theologie des Paulus im Rahmen seiner *Theologie des Neuen Testaments* bleibende Bedeutung:

> »Der Mensch vor der Offenbarung der pístis«
> und
> »Der Mensch unter der pístis«[18].

Allerdings ist die Wendung »Offenbarung der *pístis*« selbst nicht paulinisch. Paulus spricht lediglich in Gal 3,23 und 25 vom »Kommen des Glaubens« analog zu dem »Kommen des Gesetzes« des Mose. Gesetz und Glaube sind hier abgekürzt als Subjekte des Kommens analog zum Kommen Jesu Christi verstanden. Genauer ist aber die sonst bei Paulus übliche Rede vom Gesetz und vom Glauben als gegebenen Größen. In entsprechend abgewandelter Form ›Der Mensch vor dem Glauben‹ und ›Der Mensch im Glauben‹ erschließt Bultmanns Gliederung das Denken des Paulus adäquat, allerdings erst dann, wenn man – wie oben geschehen – beide Größen umstellt. Denn Paulus denkt immer hauptsächlich von der Offenbarung her, stets erst sekundär von der Schöpfung aus (bes. Röm 1–3).

3.2 Die sieben Argumentationszusammenhänge des paulinischen Menschenverständnisses

Die Anthropologie des Paulus erschließt sich in der lockeren Struktur von sieben Argumentationszusammenhängen. Die folgenden Argumentationszusammenhänge finden sich in unterschiedlicher Häufigkeit, in unterschiedlicher Zusammensetzung und in unterschiedlicher Bezogenheit aufeinander. Ich ordne sie nach ihrer theologischen Bedeutung und nach ihrer Häufigkeit. Beides läuft nicht immer parallel, so daß auch hier der Reihenfolge nicht zu große Bedeutung beigemessen werden darf. Wichtig ist der Umstand, daß Paulus überhaupt in solchen sehr unterschiedlichen Argumentationszusammenhängen denkt und argumentiert, ohne selbst eine Systematik herzustellen – auch nicht im Römerbrief.

Christologischer Zusammenhang: Christus – Versöhnung – Erlösung – Gnade – im Herrn / in Christus sein

Paulus versteht den Menschen primär konsequent von Christus her. Christus ist derjenige, der die Menschen mit Gott versöhnt (2 Kor 5,18f; Röm 5,11) und ihnen damit die Erlösung (Röm 1,10; Röm 3,24) und das Leben in der Gnade (Röm 6,14) eröffnet. Sie leben dazu »in Christus« oder »im Herrn«, und sie leben aus Christus und auf Christus hin: »Keiner von uns lebt sich selber, und keiner stirbt sich selber: Leben wir, so leben wir dem Herrn, sterben wir, so sterben wir dem Herrn. Ob wir leben oder ob wir sterben, wir gehören dem Herrn. Denn Christus ist gestorben und lebendig geworden, um Herr zu sein über Tote und Lebende« (Röm 14,7–9).

Pneumatologischer Zusammenhang: [Christus] – [Herr] – Geist – Freiheit – neues Leben – Wandel im Geist – Kindschaft

Der Geist ist diejenige Größe, die den Menschen Freiheit und neues Leben gibt und den Wandel im Geist ermöglicht, der in den Spielarten der Liebe geführt wird, wie sie die Charismenkataloge entfalten. Die Menschen leben im Geist oder wandeln nach dem Geist. Es gilt: »Ihr aber seid nicht im Fleisch, sondern im Geist, da ja Gottes Geist in euch wohnt« (Röm 8,9). Und weiter: »Denn welche vom Geist Gottes getrieben werden, die sind Gottes Söhne« (Röm 8,14).

Ekklesiologischer Zusammenhang: Gemeinde (ekklesía) – Heilige (hágioi) – Leib Christi (sóma Christú) – Glieder Christi (méle) – Taufe – Gleichheit – Einheit – Abendmahl

Die Kirche Gottes oder Christi am jeweiligen Ort oder in der jeweiligen Region ist die primäre Lebenswelt und Bezugsgröße der Christen. Hier leben die »Heiligen«, außerhalb der Gemeinde leben »die draußen« (1 Kor 5,12f). Die Gemeinden sind der »Leib Christi« (Röm 12,5; 1 Kor 12,27), die einzelnen Christen die Glieder dieses Leibes (1 Kor 12,27). Durch die Taufe bilden sie eine geistliche Einheit: »Durch den einen Geist nämlich wurden wir alle in einen Leib getauft, seien wir Juden oder Griechen, seien wir Sklaven oder Freie, und alle sind wir mit dem einen Geist getränkt worden« (1 Kor 12,13). Durch die Taufe sind in der Gemeinde alle religiösen und ethnischen Unterschiede aufgehoben (1 Kor 12,13): »Ihr seid alle einer in Christus Jesus« (Gal 3,27f). Dasselbe gilt für das Herrenmahl: »Ein Brot ist es. Darum sind wir viele ein Leib, denn wir alle haben teil an dem einen Brot« (1 Kor 10,17).

Eschatologischer Zusammenhang: Tod und Auferstehung aller Toten – erster und zweiter Adam – natürlicher und geistlicher Leib

Dieser Zusammenhang ist besonders in 1 Kor 15 dargestellt. Die unerlösten Menschen stehen in der Bestimmtheit durch Adam als adamitische Menschheit. Die erlösten Menschen sind durch Christus als endzeitliche Menschen bestimmt, die »himmlisch« sein werden. In 1 Kor 15 vertritt Paulus eine doppelte (nicht eine dualistische!) Anthropologie, die die Menschen einmal der irdischen, einmal der himmlischen Körperlichkeit (*sómata*) zuordnet. Zur irdischen Körperlichkeit gehören Verweslichkeit, Schwäche, physisches Leben (*sóma psychikón*). Zur himmlischen Körperlichkeit werden Unverweslichkeit, Herrlichkeit, Kraft und geistliches Leben (*sóma pneumatikón*) gehören, d.h. die göttlichen Seinsmodi. Dieses Verständnis bedeutet anthropologische Hoffnung, kann aber auch beklemmend wirken, wenn man den apokalyptischen Aspekt betont.

Juridischer Zusammenhang: Gerechtigkeit – Gesetz – Übertretung – Ungerechtigkeit – Verurteilung bzw. Gerechtigkeit – Freiheit

Dieser Zusammenhang interpretiert Gottes Willen für den Menschen in alttestamentlich-juridischem Sinn als Gesetz, das zum Leben gegeben ist. Gesetzesbefolgung, d.h. Wandel nach dem Gesetz, antwortet auf Gottes Willen. Sie schafft dem Menschen die Gerechtigkeit, die vor Gott gilt, d.h. die Güte, die Gott gefällt. Durch seine »Übertretung« (Röm 5,15) hat der Mensch diesen Bereich verlassen. Er ist ungerecht und wird dementsprechend »verurteilt« (Röm 8,3). Dieser Zusammenhang denkt relational. Gerechtigkeit und Ungerechtigkeit beziehen sich auf das Verhältnis des Menschen zu Gott. Christus wendet diesen Zusammenhang. Er bezahlt die Schuld und eröffnet dem Menschen die neue Gerechtigkeit, die Gott dem Menschen gibt (Röm 3,21–26 und 5,1).

Schöpfungszusammenhang: Gott – Mensch – Sünde – Tod und: Gott – Adam – irdisches Leben – Tod

»Der erste Mensch, Adam, wurde zu einem lebendigen Wesen«: Dieses Genesiszitat (Gen 2,7) führt Paulus in der Argumentation in 1 Kor 15 an (1 Kor 15,45). Gen 1,27 dagegen (»Gott schuf den Menschen nach seinem Bilde«) zitiert Paulus nur einmal direkt in einer Reduktion auf den Mann (1 Kor 11,7: »Der Mann ist Abbild Gottes«), einmal als Anspielung in sehr veränderter Form in 1 Kor 15,49: »Und wie wir das Bild des irdischen (Menschen-Adams) getragen haben, so werden wir auch das Bild des himmlischen (d.h. Christi) tragen«. Hier ist die schöpfungsbezogene Gottebenbildlichkeit durch die zukünftige Christusebenbildlichkeit ersetzt. Die Schöpfungsebenbildlichkeit dagegen ist zu einer bloßen Adamsebenbildlichkeit geworden, die sich auf den Adam nach dem Fall bezieht, der sterben muß.

Das jüdisch-urchristliche Verständnis des Menschen als eines Geschöpfes Gottes, das Gott verehren und sein Gesetz befolgen soll, statt dessen aber ungehorsam wurde, die Schöpfung verehrt (Polytheismus) und der Sünde und dem Tod verfiel, kann Paulus kollektiv oder idealtypisch individuiert darstellen: kollektiv in Röm 1–3, individuiert an Adam als erstem Menschen dargestellt in Röm 5,12ff. Eine bleibende Schöpfungsanthropologie vertritt Paulus nicht. Der geschaffene Mensch ist stets und ausschließlich der sündige und damit der unerlöste Mensch.

Anthropologischer Zusammenhang: Ich – Begierde – Gebot / Gesetz – Fleisch – Sünde – Tod

Dieser Zusammenhang ist uns aus Röm 7 schon bekannt. Paulus kann das Schicksal der Menschheit vor Gott nicht nur ganz allgemein auf Adam fokussiert beschreiben, sondern auch als Autobiographie des »Ich« darstellen. Das »Ich« begehrt und übertritt damit das Gebot Gottes: »Du sollst nicht begehren«: Damit gerät es in die Zusammenhänge von Fleisch (d.h. Ichbestrebung), Sünde (d.h. Trennung von Gott) und Tod.

3.3 Zusammenfassung

Rückblickend wird noch deutlicher, daß Paulus nicht ›den Menschen‹, sondern nur den erlösten, den glaubenden Menschen kennt, der ihm auch deutlich macht, wie es mit dem unerlösten, dem nicht glaubenden Menschen steht.

Die erlösten Menschen, die »im Glauben stehen« (1 Kor 16,13), d.h. die Christen, tragen Bezeichnungen, die sie *erhöhen* und ihre Bedeutung vor Gott und gegenüber allen anderen Menschen ausdrücken: Kinder Gottes sind sie, sie werden Bild und Herrlichkeit Christi tragen (1 Kor 15,49; 2 Kor 3,18 und 4,4), wie sie schon christusförmig gesinnt sind (Phil 2,5). Sie sind Heilige, Berufene, Geliebte Gottes – so die Anreden in den Briefen. Sie sind Gleiche, Freie und in der Einheit, die Christus stiftet, Verbundene. Vor Gott

und in den Gemeinden gilt daher: »Ihr seid alle durch den Glauben Söhne Gottes in Christus Jesus. Denn ihr alle, die ihr auf Christus getauft seid, habt Christus angezogen. Nicht ist hier Jude noch Heide, nicht ist hier Sklave noch Freier, nicht ist hier Mann noch Frau; denn ihr alle seid einer in Christus Jesus« (Gal 3,26–28). Weil das so ist, verstehen sich nach Paulus die erlösten Menschen zugleich als *Diener*. Sie, die Freien und Gleichen, können sich zu Dienern machen, da sie ja frei sind. Denn nur der Freie, der Herr, hat die Souveränität, sich selbst zum Diener zu machen. Sklaven dagegen *sind* schon Sklaven. Der Aufruf: »Durch die Liebe dient einander« (Gal 5,13) und »Dient dem Herrn« (Röm 12,11) ergeht nicht an die unfreien Menschen, sondern an die freien Christen.
Anders steht es mit den nicht erlösten Menschen. Sie leben in bleibender Unfreiheit: gefordert vom Gesetz, das sie übertreten, gequält von der Sünde, die sie in Laster aller Art stürzt, denen sie ausgeliefert werden (Röm 1,24.26.28), gefesselt an das Fleisch und den »todverfallenen Leib« (Röm 7,24), lebend ohne Liebe (Gal 5,13–15), sterbend ohne Glauben und Hoffnung.
Der erlöste und der nicht erlöste Mensch: Dies mag nach ontologischem Dualismus klingen, nach Aufgabe der freien Entscheidung des Menschen. Paulus kennt aber keinen anthropologischen Dualismus. Im Gegenteil: Seine Aufgabe als Missionar, der den Menschen die Erlösung in Jesus Christus verkündigt und ihren Glauben wecken will, ist nur sinnvoll im Rahmen einer *nicht* dualistischen Anthropologie, die alle Menschen anspricht und meint. Denn Christus ist *für alle* gestorben, damit die, die da leben, hinfort nicht mehr sich selbst leben, sondern dem, der für sie gestorben und auferstanden ist (2 Kor 5,15).
Paulus vertritt mit seiner Anthropologie des erlösten und des nicht erlösten Menschen nicht eine dualistische, sondern eine relationale Anthropologie. Der Mensch ist nie allein Mensch, sondern immer der Mensch vor Gott: als Geschöpf, als Sünder, als Geretteter. Das Geschöpf sollte in der Gottesrelation leben, der Sünder fällt in die Ich-Relation, der Gerettete lebt in der Relation zum Herrn. Daher ist formal-anthropologisch das letzte Wort des Paulus: »Keiner von uns lebt sich selber« (Röm 14,7), material-anthropologisch gilt für die Erlösten: »Wir sind des Herrn« (Röm 14,8), für die nicht Erlösten: »Schuldig ist die ganze Welt vor Gott« (Röm 3,19).
Die christliche Anthropologie des Paulus trägt in ihrer Ausschließlichkeit einerseits die stärksten Hoffnungszüge, andererseits kann sie bis zur Vernichtung ›des Menschen‹ führen. In keinem Fall ist sie harmlos.

D. Welche Perspektiven eröffnen die neutestamentlichen Schriften den Menschen?

Das Verständnis eines Phänomens läßt sich aus der Darstellung seines Gegenteils erschließen. Weiterführender noch ist ein Dialog zwischen unterschiedlichen Positionen. Im Rahmen dieser Darstellung möchte ich die neutestamentliche Anthropologie mit den Grundmodellen gegenwärtiger naturwissenschaftlicher und philosophischer Anthropologie ins Gespräch bringen. Dabei verfolge ich zwei Ziele, erstens das bessere Verständnis der neutestamentlichen Rede vom Menschen und der theologischen Anthropologie, die diese Rede wissenschaftlich darstellt, und zweitens die Formulierung einiger Grundüberlegungen, die nötig sind, um aus theologischer Sicht zu einer Urteilsbildung im Rahmen allgemeiner Anthropologie zu kommen.

Im voraus sind einige Definitionen und Differenzierungen hilfreich. Wir müssen sechs Bereiche unterscheiden:
(1.) Die neutestamentliche Predigt des Evangeliums von Jesus Christus.
(2.) Die neutestamentliche Rede vom Menschen, die selbst *gar keine* Anthropologie sein will, sondern Anwendung der Predigt vom Heil der Menschen in narrativer und argumentativ-paränetischer Gestalt ist, indem sie entscheidende Aussagen über den Menschen macht, die sich aus dem Evangelium ergeben.
(3.) Die sog. neutestamentliche Anthropologie, die hier entwickelt wurde – ein systematisierendes Konstrukt mit hermeneutischer Bedeutung, das der Aneignung der disparaten neutestamentlichen Rede vom Menschen dient.
(4.) Die theologische Anthropologie, die im Rahmen der christlichen Dogmatik den *locus de homine* als des verlorenen und erlösten Menschen selbständig, aber auf der sachlichen Basis der oben formulierten Ziele darstellt.
(5.) Eine allgemeine religiöse Anthropologie, die mit den Kategorien von Schöpfung und Erlösung argumentiert, parallel dazu eine philosophische Anthropologie, z.B. des Existentialismus.
(6.) Die gegenwärtige wissenschaftliche Anthropologie, die durch die Biowissenschaften und die Kulturwissenschaften dominiert ist und sich von der theologischen, philosophischen und religiösen Anthropologie so grundsätzlich verabschiedet hat, daß sie diese nicht mehr zur Kenntnis nimmt.

Im Bereich theologischer Anthropologie (4.) ist eine weitere Differenzierung absolut grundlegend: die Unterscheidung zwischen geschaffener und gefallener Welt. ›Nach Adam‹ (Gen 3) kann christliche Anthropologie nicht mehr von ›Schöpfung‹ und ›Geschöpf‹ bzw. von ›Gottes guter Schöpfung‹ sprechen, ohne hinzuzufügen, daß diese ›gefallen‹ ist. Röm 1–5 und Röm 8 sind hier die zentralen neutestamentlichen Texte. Die gegenwärtige Schöpfung und der gegenwärtige Mensch müssen theologisch im Lichte ihrer Gottesferne beschrieben werden (Röm 1–3). Eine allgemein religiöse Rede von ›Schöpfung‹ ist nicht christlich, sondern zeigt einen fatalen alttestamentlichen Biblizismus, der in sich sachlich falsch ist, da er nicht einmal Gen 3 und der prophetischen Schuld- und Barmherzigkeitspredigt gerecht wird. Im folgenden stelle ich (3.) dar.

1. Grundzüge neutestamentlicher Anthropologie: Der Mensch in Christus

1.1 Der Mensch als Geschöpf

Die Menschen sind »gleichsam die Erstlingsfrucht der Geschöpfe (*ktísma*) Gottes«, formuliert der Jakobusbrief (1,18). Diesen Satz darf man als Grundlage des neutestamentlichen Menschenverständnisses betrachten. Entfaltet wurde er im Alten Testament, geglaubt von Jesus, von den ersten Judenchristen und ihren großen Missionaren Petrus, Paulus und vielen anderen und angenommen von den neuen Heidenchristen im Imperium Romanum, die sich diese Grundlagen alttestamentlichen Menschenverständnisses zu eigen machten.

Wie ist dieser Adaptionsprozeß zu denken? Er war mit Sicherheit nicht einfach, auch wenn die neutestamentlichen Schriften keine ausführliche Diskussion darüber spiegeln. Die Rede des Paulus auf dem Areopag in Athen (Apg 17) gibt immerhin Hinweise darauf, wie sich der christliche Schriftsteller Lukas am Ende des 1. Jahrhunderts eine Pauluspredigt vor heidnischen Philosophen vorstellte. Er läßt Paulus sagen: »Gott hat aus einem einzigen Menschen das ganze Menschengeschlecht erschaffen, damit es die ganze Erde bewohne ... in ihm leben, bewegen wir uns und sind wir; wie auch einige von euren Dichtern gesagt haben: Wir sind von seiner Art« (Apg 17,26.28). Hier werden alttestamentliche Schöpfungserzählung und allgemeine zeitgenössische Rede vom Menschen verbunden. Die Zuhörer protestieren erst, als Paulus auf die Auferstehung der Toten zu sprechen kommt. Was kennen sie selbst? Einerseits mythologische Erzählungen von der Entstehung des Menschen. Prometheus habe die ersten Menschen geformt, Zeus sie mit Leben erfüllt. Der Sohn des Prometheus, Deukalion, habe nach einer großen Flut Steine hinter sich geworfen, um neue Menschen entstehen zu lassen. Im Lichte dieser Erzählungen kann auch die alttestamentliche Schöpfungsgeschichte – gerade Gen 2 – als eine eigene menschliche Erzählung vom Ursprung der Menschen aus dem göttlichen Handeln heraus gewisse Plausibilität auch für Nichtjuden gehabt haben.

Wichtiger waren die Denkmöglichkeiten der philosophischen Anthropologie und ihre Popularisierung. Für Platon wie für Aristoteles ist der Mensch eine Synthese aus Leib und Seele. Platon sieht diese Verbindung als lockere. Der Leib ist sterblich und vergänglich, zudem beschwerlich, da er ständige Sorge verlangt (z.B. Phaidon 66b). Demgegenüber liegt das Eigentliche des Menschen in seiner Seele: »Das ganze Interesse Platons am Menschen konzentriert sich darum auf die Seele, und seine philosophische Anthropologie ist wesentlich Psychologie.«[19] Er versteht die Seele (*psýche*) als »unsichtbare, immaterielle, geistige, überirdische Wesenheit« (118)[20], die den Menschen eigentlich ausmacht (Nomoi 959). Was die Seele im einzelnen sei, arbeitet Aristoteles in *De anima* aus. Er betont besonders die Bedeutung der »Geistseele, und sie erst macht ihn zum Menschen, zum animal rationale«[21]. Die komplizierten Fragen von Herkunft, Entstehung und Schicksal sowie von der Beschaffenheit der Seele im einzelnen (Seelenteile) waren Gegenstand der philosophischen Schuldiskussion. Gemeinsam ist Platon und Aristoteles, daß sie die Seele als das »Selbstbewegende« (Nomoi 859f), d.h. als »Lebensprinzip, nicht nur Geist und Bewußtsein« verstehen (121)[22]: Von hierher ist verständlich, welche Bedeutung die Lehre von der Unsterblichkeit der Seele hatte. Nicht der Mensch als Person ›mit Leib und Seele‹ hatte eine individuelle Hoffnung und Perspektive, sondern letztlich ging der individuelle Mensch in der Ewigkeit der Welt (Aristoteles) und der Unsterblichkeit der Seele (Platon) auf. Die Stoiker waren sich über die Unsterblichkeit der Seele nicht einig, während die Epikuräer von ihrer Sterblichkeit überzeugt waren: Sie ist sterblich wie der Leib.

Diese grobe Skizze des Menschenverständnisses der griechisch-römischen Welt macht deutlich, daß der Mensch niemals nur von seiner – göttlichen oder nichtgöttlichen – Herkunft her verstanden wurde, sondern daß seine Herkunft und seine Zukunft stets gemeinsam im Spiel waren. Der endlich verstandene Mensch hatte eine bestimmte materielle Herkunft und ein bestimmtes Ende, das mit der Auflösung seines Körpers identisch war. Und das Menschenverständnis, das dem Menschen eine unsterbliche Seele zuweisen wollte, machte damit auch Aussagen über seine Zukunft, auch wenn diese nicht individuell vorgestellt wurde.

Das antike Judentum nahm hier eine eigenartige Zwischenstellung ein. Die sog. jüdischen Religionsparteien, in denen sich religiös anspruchsvoll lebende Juden zusammenfanden, waren zwar alle der Überzeugung, der Mensch sei Gottes Geschöpf. Über seine Zukunft aber waren sie geteilter Meinung: Die Pharisäer glaubten an die Auferstehung und an ein allgemeines Gericht, die Sadduzäer blieben bei der gemeinalttestamentlichen Vorstellung, die Israeliten würden nach dem Tod ›zu ihren Vätern versammelt‹. Eine Totenauferstehung lehnten sie ausdrücklich ab. Das bedeutet: Das antike Judentum verstand den Menschen so grundlegend von seiner *Herkunft* von Gott und seiner Verpflichtung auf die Tora her, daß die *Zukunft* in diesem Zusammenhang nur eine sekundäre Größe darstellte.

Ganz anders im Urchristentum! Hier liegt der Akzent nicht mehr auf der *Herkunft*, sondern ganz und gar auf der *Zukunft*, die in der Auferweckung Jesu von den Toten und in seiner Aufnahme in Gottes Herrlichkeit schon vorweggenommene Gegenwart wird.

1.2 Der Mensch seit Christus

Neutestamentliche Anthropologie versteht den Menschen daher grundlegend als *Mensch seit bzw. auf Christus hin*. Dieser Sachverhalt läßt sich im einzelnen folgendermaßen darstellen:

a) Christus ist der neue Mensch bzw. der erste neue Mensch (eschatologischer Aspekt) (1 Kor 15,20–28).
b) Christus ist das »Bild« des neuen Menschen, so wie Adam das »Bild« des alten Menschen war (ikonischer Aspekt) (1 Kor 15,46–49).
c) Christus ist das Vorbild der Menschen (ethischer Aspekt) (Phil 2,5; Mk 10,41–45; Joh 13,12–17).
d) Christus umfaßt schon im jeweiligen Leben alle Menschen, die an seine Auferstehung glauben, so daß sie »in Christus in einem neuen Leben wandeln« bzw. Glieder des »Leibes Christi« sind (korporativer Aspekt) (Röm 5,6; Röm 12; 1 Kor 12).

Neutestamentliche Rede vom Menschen spricht also weder spezifisch vom Menschen als einem endlichen und kontingenten Wesen, das ein einziges Mal zwischen Geburt und Tod sein Leben führt, noch von dem verantwortungsvollen Wesen, das unter Gottes Tora oder unter anderen Gesetzen nach einem Leben in Gerechtigkeit nach Maßgabe seines Gerechtigkeitsempfindens strebt, noch schließlich von jenem individuellen Wesen, das eigens von Gott, seinem Schöpfer, ins Leben gerufen worden ist und als Person (*sóma*) in Individualität und Begrenztheit sein eigenes Leben führen muß. All das ist vorausgesetzt und steht in Geltung.
Eigentlich und selbstverantwortet spricht das Neue Testament aber ausschließlich von der Auferstehung Jesu Christi und dem neuen Menschen. *Die Auferstehung Jesu Christi ist das Grunddatum neutestamentlicher Anthropologie*. Von Jesus werden die Menschen exemplarisch geheilt, gespeist, entschuldet und in die Gottesherrschaft gerufen. Der auferstandene Jesus Christus ist der Bahnbrecher der neuen Schöpfung und zugleich ihr endzeitlicher Retter und Herr. Das Evangelium von Jesu Tod und Auferstehung teilt den Menschen ihre Hoffnung mit, ihr Glaube antwortet darauf und eröffnet ihnen das neue Leben, in das die Taufe sie einführt und in dem sie das Herrenmahl immer neu mit dem himmlischen Christus verbindet.
Diese Aussagen lassen sich nun nochmals anthropologisch akzentuieren: Das Neue Testament spricht vom geschaffenen Menschen ausschließlich unter dem Vorzeichen des sündigen und in Christus erlösten Menschen. Beide Vorzeichen sind wichtig. Der sündige Mensch ist der irdische Mensch, aus dem Paradies vertrieben, der Arbeit, den Schmerzen und dem Tod anheimgegeben (Gen 3). Es ist der Mensch, der aus der Gottgemeinschaft gefallen ist und weder durch Leben nach der Tora noch durch Befolgen der ›natürlichen‹ Gesetze die Gottesgemeinschaft – in Form der Gerechtigkeit vor Gott – wiederherstellen kann.

1.3 Fragen der neutestamentlichen Anthropologie an eine allgemeine christliche Anthropologie

Die einzige genuin *christliche* Frage an eine Anthropologie, die den Menschen ausschließlich als natürliches Wesen versteht, lautet daher vom Neuen Testament her deutlich anders, als man zunächst vermutet. Sie lautet nämlich nicht: ›Wie sollte sich der Mensch ohne einen Schöpfer erklären lassen?‹ Diese Frage können andere Religionen – z.B. das Judentum oder der Islam – und Philosophien – z.B. Platon – ebenso oder ähnlich stellen. Die einzig genuin *christliche* Frage an eine ›natürliche‹ Anthropologie kann vielmehr nur lauten: ›Wie läßt sich der Mensch nach Jesu Kommen, Tod und Auferstehung ohne Christus verstehen?‹ Die präzise Formulierung dieser Frage ist zugleich der erste wesentliche Ertrag dieser Darstellung. Es kann nämlich bei dieser Fragestellung nicht etwa darum gehen, einen möglichst tragfähigen gemeinsamen Nenner der großen Religionen zu finden, der ein sog. religiöses Menschenbild formulieren hilft, das sich dann z.B. einem naturwissenschaftlichen oder ethischen Menschenbild gegenüberstellen oder diskursartig beigesellen ließe. Damit würde das Christliche des Christentums hintangestellt, und das läßt sich mit der intellektuellen Redlichkeit und Präzision nicht vereinbaren, mit der allein wissenschaftlich theologisch gedacht werden kann.

Die theologische Vorgabe, die das Neue Testament einer Anthropologie macht, heißt also: *Anthropologie seit Christus.* Wie kann von diesem neutestamentlichen Grundgedanken aus eine Auseinandersetzung mit der wissenschaftlichen Anthropologie der Gegenwart aussehen, die dieses christliche Grunddatum in keiner Weise zur Kenntnis nimmt? Die bekannten religiösen Verweise helfen – wie dargestellt – nicht weiter: der Mensch als Geschöpf, der Mensch in der Verantwortung vor Gott, der Mensch in der Abhängigkeit von Gott. Die wesentlichen Elemente religiöser Anthropologie haben in der Auseinandersetzung mit den biowissenschaftlich geprägten anthropologischen Disziplinen ihre Bedeutung schon seit Darwin verloren. Die modernen anthropologischen Wissenschaften haben ein explizit nachreligiöses Selbstverständnis. Auf welcher Ebene soll dann eine Auseinandersetzung über Anthropologie von seiten der christlichen Theologie geführt werden? Ich sehe zwei Möglichkeiten, wie eine neutestamentliche Anthropologie, die die neutestamentliche Rede vom Menschen ernst nimmt, wissenschaftliche Anthropologie ansprechen und fragen kann, die nicht nur nachchristlich, sondern nachreligiös denkt.

Die *erste* Möglichkeit möchte ich die deiktische oder hinweisende Aufgabe der Theologie nennen, die zweite ihre kritische Funktion.

Zunächst zur *deiktischen* Aufgabe. Die theologische Anthropologie weist darauf hin, daß sich für Christen das Verständnis des Menschen weder allein von seinem Organismus her (biologischer Zugang) noch von seinem Sozialverhalten oder seinen kulturellen Möglichkeiten her (sozio-kulturelle Zugänge) noch von seiner Herkunft her (Paläontologie, Vorgeschichte

und Geschichte) bestimmen läßt. Der Mensch läßt sich nicht als abgeschlossenes Wesen beschreiben noch verstehen, dessen körperliches, soziales und kulturelles Dasein möglichst optimal geregelt werden müßte. Er ist vielmehr aus neutestamentlicher Sicht ein offenes Wesen. Die neutestamentliche Anthropologie beschreibt diese Offenheit in doppelter Weise:
(1.) Der Mensch ist nicht mit sich selbst zufrieden. Er strebt über sich hinaus, und zwar nicht nur bezüglich seiner natürlichen ursprünglichen Umwelt, sondern auch bezüglich seines Schicksals. Der Mensch sehnt sich nach Erlösung. Die neutestamentliche Anthropologie bringt hier die Hoffnungssprache der neutestamentlichen Texte ins Gespräch. Diese Hoffnung bezieht sich auf die Erlösung der Menschen durch Christus und auf die Vollendung im endgültigen Sein bei Gott. Dabei kann sie die Hoffnungsperspektive neutestamentlicher Anthropologie nicht dogmatisch-normativ formulieren, sondern spricht hermeneutisch-deskriptiv. Diese Differenz ist entscheidend. Die Sprache des Glaubens ist eine Sprache der Hoffnung und eine Sprache des Bekenntnisses, d.h. der persönlichen Zustimmung und öffentlichen Bezeugung. Die Sprache der neutestamentlichen Theologie dagegen ist eine Sprache der Beschreibung, die die Sprache des Glaubens als Sprache der Hoffnung und des Bekennens darstellt und verständlich macht. D.h., die Sprache des Glaubens hofft und bekennt: Der Mensch nach Christus ist erlöst und lebt in der Hoffnung auf ein Leben bei Gott. Die Sprache der neutestamentlichen Anthropologie tut genau das, was dieses Buch tut: Sie beschreibt diese Hoffnung des Christen darauf, erlöst zu sein.
(2.) Der Mensch wird mit sich selbst nicht fertig. Er kann sich selbst nicht vollständig vergeben. Er lebt in Rechtssystemen öffentlicher und persönlicher Art. Die Verstöße gegen diese Rechtssysteme können so grundsätzlicher Art sein, daß keine Verzeihung und Entschuldung möglich ist. Ein Beispiel aus dem öffentlichen Bereich ist die Judenvernichtung im nationalsozialistisch regierten Deutschland. Dafür gibt es keine innerweltliche Entschuldung, Sühne, Wiedergutmachung. Ein Beispiel aus dem persönlichen Bereich ist der Mord. Auch hier ist innerweltliche Sühne usw. nicht wirklich denkbar. Das öffentliche Rechtsbewußtsein und das persönliche Gewissen stellen in diesem Zusammenhang einen Verweis auf eine Verantwortlichkeit des Menschen dar, der in einer holistisch verstandenen Welt keine Befriedigung finden kann. Die neutestamentliche Anthropologie bringt hier die neutestamentliche Botschaft von der umfassenden Vergebung und Barmherzigkeit Gottes für die Sünder ins Spiel und weist auf die Rolle Jesu Christi hin. Die neutestamentliche Anthropologie beschreibt die Barmherzigkeitssprache des Neuen Testaments und macht ihre bleibende Bedeutung für das Verständnis des Menschen deutlich. Der bleibende deiktische Anspruch der neutestamentlichen Anthropologie liegt also in ihrem nachdrücklichen Verweis auf die mögliche Relationalität des Menschen.
Die *zweite* Möglichkeit, wie neutestamentliche Anthropologie von der Rede des Neuen Testaments vom Menschen her eine nachreligiöse wissenschaftliche Anthropologie ansprechen kann, ist die *kritische*. Es ist eine blei-

bende Möglichkeit neutestamentlicher Anthropologie, die beiden entscheidenden Grundlagen gegenwärtiger wissenschaftlicher Anthropologie kritisch zu befragen: nämlich ob die Welt zwingend als holistisches System zu interpretieren sei und ob der Mensch zwingend ausschließlich als biologisches, sozial-kulturelles und produktives Wesen zu interpretieren sei.
Diese kritischen Fragen betreffen die allgemeine Entwicklungsperspektive der Welt ebenso wie die des Menschen. Die Zukunft muß kritisch fragend offen gehalten werden. Hier sehe ich den entscheidenden kritischen Beitrag neutestamentlicher Anthropologie.

2. Fragen an die neutestamentliche Anthropologie aus der Sicht der gegenwärtigen nach-christlichen Anthropologie

2.1 Allgemeines

Ganz allgemein fragt die philosophische Anthropologie nach dem Wesen des Menschen. Die anthropologische Philosophie des 20. Jahrhunderts versteht mit E. Cassirer[23] den Menschen aus seinem Werk heraus, und zwar als »*animal symbolicum*: Sprache, Religion, Mythos, Kunst, Wissenschaft«[24]. Im Rahmen der Anthropologie im engeren Sinne wird nach der Entstehungs- und Entwicklungsgeschichte des Menschen gefragt (Paläo-Anthropologie), nach seinem Genom (Humangenetik), nach seinem Verhalten (Humanethologie) und nach seinen kulturellen Grundmustern (Ethnologie und Sozialanthropologie, engl. *social anthropology*, amerikan. *cultural anthropology*). Die gegenwärtig expandierenden Kulturwissenschaften bringen die gesamte menschliche Kultur in ihren materiellen und immateriellen Aspekten in die anthropologische Fragestellung ein.

2.2 Fragen

Daraus ergeben sich folgende mögliche Fragen an die neutestamentliche Anthropologie:
(1.) Welche Aussagen kann die neutestamentliche Anthropologie über das Wesen des Menschen als eines *animal symbolicum* machen?
Antwort: Die neutestamentlichen Schriften kennen die religiösen Zeichensysteme des Judentums und der griechisch-römischen Religion. In ihnen stellt sich den neutestamentlichen Schriftstellern das Wesen des *nicht erlösten* Menschen dar: Selbstgerechtigkeit, ja Selbstvergottung einerseits und Streben nach Gerechtigkeit durch Handeln andererseits (neutestamentliche Kritik an den Religionen und die paulinische Rechtfertigungslehre).
(2.) Welche Aussagen kann die neutestamentliche Anthropologie über die Entstehungs- und Entwicklungsgeschichte des Menschen machen?
Antwort: Die neutestamentlichen Schriften sehen den Menschen heilsgeschichtlich als geschaffenen, ›gefallenen‹ und erlösten Menschen. Die eigentliche Dimension des Menschen aber ist seine Zukunft. Die neutesta-

mentlichen Schriften ›verbieten‹ nicht entwicklungsgeschichtliches Denken. Sie selbst aber verstehen die gesamte Geschichte des Menschen vor Christus als eine Geschichte der Entfremdung von Gott, d.h. als eine Geschichte von Angst, Selbstsorge, Schuld und Tod.

(3.) Welche Aussagen kann die neutestamentliche Anthropologie über das Genom des Menschen machen?

Antwort: Die neutestamentlichen Schriften halten den Menschen für geschaffen und kennen keine genetischen Eingriffe. Insoweit überholt die Genomentschlüsselung die neutestamentliche Vorstellung vom Menschen als geschaffenem Wesen. D.h., die neutestamentliche Anthropologie kann zur Genomforschung zweierlei sagen:

a) Heilung ist erlaubt, da der Mensch heil sein soll.

b) Jede Veränderung, die nicht auf Heilung zielt, ist nicht vorstellbar.

Angesichts der neuesten Genforschung könnte die jüdisch-christlich-islamische religiöse Rede vom Menschen als Geschöpf Gottes, der – so metaphorisch Mt 5,36 – »kein einziges Haar weiß oder schwarz machen« kann, an ein Ende kommen. Möglicherweise liegt hier die größte Herausforderung für eine wirklich zeitgenössische christliche Anthropologie. Die entscheidende Frage lautet: Kann christliche Anthropologie, die ja vom neuen Menschen in Christus spricht, auf die Rede vom geschaffenen Menschen verzichten? Augenblicklich läßt sich diese Frage noch nicht beantworten, weil die Herausforderungen der Genetik noch nicht hinreichend bedacht worden sind.

(4.) Welche Aussagen kann die neutestamentliche Anthropologie über das Verhalten des Menschen machen?

Antwort: Das Verhalten des Menschen stellte eines der wichtigsten Themen der alttestamentlichen Weisheit dar. Am Verhalten erkennt man den Menschen: Dies war eine jüdische Grunderfahrung. Sie bestimmt auch das neutestamentliche Menschenverständnis: »An ihren Früchten werdet ihr sie erkennen« (Mt 7,16). Die Gleichnisse Jesu schildern das Verhalten der unterschiedlichsten Menschen. Die neutestamentlichen Texte insgesamt leisten einen spezifischen Beitrag zum Verstehen des (antiken) Menschen von seinem Verhalten her.

(5.) Welche Aussagen kann die neutestamentliche Anthropologie über die kulturellen Grundmuster des Menschen machen?

Antwort: Ethnologische Fragestellungen im engeren Sinne beziehen sich auf schriftlose Kulturen. Aber die neue amerikanische Kulturanthropologie des antiken Mittelmeerraums[25] versteht die frühe Christenheit als Teil der Mittelmeerkultur und entnimmt den neutestamentlichen Texten vielfältige Aussagen über Ehre und Scham, Persönlichkeit, Güterwelt, Verwandtschaft, Kult.

(6.) Welche Aussagen kann die neutestamentliche Anthropologie zu den ebenfalls anthropologisch relevanten Bereichen Herrschaft / Staat / Recht machen?

Antwort: Die neutestamentlichen Texte nehmen die juridische, soziale und politische Dimension des menschliche Lebens durchaus wahr und kritisieren sie z.T. grundlegend (z.B. Röm 13; Offb). Sie entwickeln selbst neue juridische und soziale Verhaltensformen und Körperschaften (z.B. 1 Kor 6,1–11; 1 Kor 12) und definieren die Herrschaft neu als Dienst (Mk 10,41–45). In diesem Bereich bietet das Neue Testament eigene Lösungen an, die in der Gegenwart international vielfältig in den einzelnen christlichen Kirchentümern gelebt und verwirklicht werden.

3. Ausblick

Die ›neutestamentliche Rede vom Menschen‹ und die darauf basierende neutestamentliche Anthropologie wirken in zwei Richtungen in die allgemeine Theologie hinein: erstens in die Homiletik, d.h. in die Predigtlehre und ihre Anwendung, zweitens in die Systematik, d.h. in das theologisch verantwortete christliche Denken.

Die wichtigsten Einsichten dieser neutestamentlichen Anthropologie sind:

a) Das anthropologische Grunddatum ist *Christus*. Nach seinem Tod und nach seiner Auferstehung hat der Mensch Hoffnung, Zukunft, Erlösung.

b) Ein ungebrochenes anthropologisches Reden von Schöpfung ist demgegenüber nicht neutestamentlich. Weder ist der Mensch noch das gute Geschöpf Gottes, noch ist der Kosmos noch die gute Schöpfung Gottes, noch ist das Gesetz Gottes noch im Stande, diese Welt und die Menschen zu Gott zu führen. Mensch und Kosmos haben sich von Gott gelöst, und das ›Gesetz‹ kann sie nicht zu Gott zurückführen. Dies immer neu kritisch aufzudecken, ist die Aufgabe der theologischen Anthropologie auf der Basis der neutestamentlichen Anthropologie. Die theologische Anthropologie muß sich von der neutestamentlichen Anthropologie diese stets fremden Aussagen über den Menschen sagen lassen und diese gegenwarts-, kirchen-, und religionskritisch in Darstellung und Kritik in das wissenschaftliche und gesellschaftliche Gespräch einbringen. Die Fremdheit dieser Aussagen ist konstitutiv und bleibend und muß als solche erkannt, bedacht und formuliert werden. Denn die neutestamentliche Verkündigung lebt nicht aus dem Konsens mit der Welt, sondern aus dem Widerspruch und der Eröffnung neuer Perspektiven.

E. Welchen bleibenden Beitrag leistet die neutestamentliche Anthropologie zum Verständnis des Menschen?

Über das Gesagte hinaus kann die neutestamentliche Rede vom Menschen einen bleibenden Beitrag zum Verständnis des Menschen leisten. Einige sehr wichtige Aspekte seien abschließend skizziert.

Die Rede der neutestamentlichen Schriften von der *Sünde* hat eine grundsätzlich anthropologische Bedeutung, soweit sie auf die Gespaltenheit der menschlichen Person zwischen Sein und Sollen, Wollen und Tun, Einsicht und Handeln, Determination und Freiheit verweist – und wie auch immer man diese Gespaltenheit, die Paulus in Röm 7 exemplarisch beschreibt, nennen mag. Daß es sich bei bestimmten menschlichen Denk-, Empfindungs- und Verhaltensweisen um Sünde und nicht nur um Fehler handelt, d.h. um eine grundlegende und nicht wiedergutzumachende menschliche Verfehlung, läßt sich für unsere Gegenwart immer noch an der Schoah deutlich machen, gerade weil hier der Begriff ›Wiedergutmachung‹ so strapaziert wurde. Auch die psychologischen Empfehlungen zur – individuellen und kollektiven – Trauerarbeit können das Phänomen dieser grundsätzlichen Verfehlung, die das Neue Testament Sünde nennt, nicht ›wieder gut machen‹ bzw. in Ordnung bringen. Geschehnisse wie Völkermorde erweisen, daß es destruktive Mächte gibt, die das Leben und die Existenz jedes einzelnen Menschen und der menschlichen Gruppen begleiten und bestimmen können und die die Qualität einer anthropologischen Konstante haben. Das Neue Testament nennt diese Kräfte »Sünde« (*hamartía*) und deckt die Sünde in ihrer Grundstruktur nicht nur als menschen-, sondern auch als gottesfeindliche Größe auf.

Daneben steht die Rede des Paulus von der *Neuheit des Geschöpfs*, das in Christus lebt. Hier kommt eine zweite und ganz andere anthropologische Konstante in den Blick: die Möglichkeit des Menschen, trotz seiner Determiniertheiten, ja gegen diese neu zu sein und Neues zu tun. Paulus exemplifiziert diese Offenheit an einigen zentralen menschlichen Merkmalen: der ethnisch-religiösen Determinante (Juden – Griechen), der sozialen Determinante (Sklaven – Freie) und der Geschlechtsabhängigkeit (Männer – Frauen), der gegenwärtig ›gender‹ genannten Determinante (Gal 3,28). Weiterhin wird dadurch die Macht der Sünde begrenzt: »Denn das Gesetz des Geistes [und] des Lebens in Christus Jesus hat dich frei gemacht von dem Gesetz der Sünde und des Todes« (Röm 8,2). Auch diese Möglichkeit ist eine reale, wenngleich erst im Status des »Angelds«, d.h. der Anzahlung bzw. des Beginns. Ethnie, Religion, Status und Geschlecht sind aber nach dem Neuen Testament keine geschlossenen Räume, die die Menschen endgültig festlegen. Zumindest im Modus der Vorwegnahme lassen sie sich überwinden.

Die *Sprache* und das *Verhalten der Barmherzigkeit* begegnen im Neuen Testament in anthropologisch relevanter Konzentration und phantasievoller literarischer Gestaltung. Daß Menschen barmherzig sein können wie der barmherzige Samariter oder der Vater des verlorenen Sohnes und daß Menschen so unbarmherzig sein können wie der unbarmherzige Gläubiger in Mt 18, 23–25 – beides eröffnet den Menschen die reale Möglichkeit, Barmherzigkeit zu üben (Lk 6,36) und damit in einer sehr spezifischen Form ebenso die Macht der Sünde außer Kraft zu setzen wie Neues zu tun.

In der neutestamentlichen Rede vom Menschen entfaltet sich die Barmherzigkeit im Kontext der *Liebe*, deren praktische Seite in 1 Kor 13,4–7 durchdekliniert wird, während der Schluß des Kapitels den Blick für die Reichweite eben dieser Liebe in Gottes Welt öffnet.

Dialog

Altes Testament

Christian Frevel

1. Wer sowohl den alttestamentlichen als auch den neutestamentlichen Teil gelesen hat, wird sich vielleicht fragen, warum beide Teile so unterschiedlich sind. Beide Teile behandeln die gleichen Grundfragen, gehen aber von verschiedenen Ansätzen aus und entfalten die »Anthropologie« nicht nach derselben Systematik. Die unterschiedliche Schwerpunktbildung ist in der gesamten Reihe Programm, denn das biblische »Meer« wird vor der Bearbeitung geteilt und die Autoren erarbeiten unabhängig voneinander die Perspektiven des Alten Testaments wie des Neuen Testaments. Dann erst lassen sie die beiden Hälften des Meeres zusammenfließen und setzen eine kleine Jolle des Dialogs dem Seegang aus, der durch die Flut ihrer Ideen und die Unterschiedlichkeit der Testamente rau und schwer wird. Daß der Seegang ruhiger wäre, wenn das Meer zuvor nicht geteilt worden wäre, wird unmittelbar einleuchten, ebenso, daß ein Dialogkreuzer der See besser gewachsen ist als die Nußschale, die auf den folgenden Seiten auf die Wellen gesetzt wird.

2. Je nach Rückgriff auf den Dialog mit der Kulturanthropologie, der philosophischen und theologischen Anthropologie fällt die Entfaltung der Grundlagenfragen zum Mensch-Sein unterschiedlich aus. Während der alttestamentliche Teil eher bemüht ist, die Ansätze anthropologischer Rede ausgehend von Grundfragen des Mensch-Seins aus der Schrift selbst heraus zu entfalten und konkrete Anfragen an die biblische Anthropologie zurückzustellen, legt der neutestamentliche Part vor allem in seinen Schlußteilen größeren Wert auf die Anschlußfähigkeit der biblischen Anthropologie und den Beitrag des Neuen Testamentes in den modernen Debatten um Gentechnik, Menschenrechte und die nachchristliche Anthropologie. Das bedeutet nicht, daß sich dem Alttestamentler diese Fragen nicht stellen. Antworten auf die genannten Fragen wurden im ersten Teil eher *implizit* gegeben. Zudem besteht die Überzeugung, daß die Grundlagen des christlichen Menschenbildes in der biblischen Anthropologie liegen, aber erst im Dialog mit den theologischen und nicht-theologischen Bezugswissenschaften konkrete Antworten auf die drängenden Fragen der Menschheit gefunden werden können. Die Antworten darauf – und das zeigt auch der neutestamentliche Teil – gibt die Bibel nicht aus sich heraus, sondern erst indem sie in den Kontext der Moderne gestellt und mit ihr in ein Gespräch gebracht wird. Vielmehr bildet die biblische Anthropologie ein Koordinatensystem, in dem sich eine christliche Antwort verortet.

3. Gemeinsam war beiden Testamenten, daß es *eine* alttestamentliche und *eine* neutestamentliche Anthropologie nicht gibt. So scheint es auch nicht leicht möglich, von *einer* biblischen Anthropologie zu sprechen, sondern

von anthropologischen Aussagen in der Bibel, die allerdings *alle* Dimensionen des Menschseins umgreifen. Diese sind komplementär in ein Gespräch über die Frage »Was ist der Mensch?« einzubringen.
Es steht dabei außer Frage, daß das Neue Testament sowohl von den anthropologischen Begriffen her als auch von der Sache her auf den Aussagen des Alten Testaments fußt. Die Kontinuität im Menschenverständnis überwiegt bei weitem die Diskontinuität. Dennoch gibt es gerade in der Anthropologie erhebliche Unterschiede zwischen Altem Testament und Neuem Testament. Es muß unbedingt darauf geachtet werden, daß die Testamente nicht gegeneinander ausgespielt werden. Das kann leicht geschehen, sei es auf seiten des Alten Testaments durch den Hinweis auf die mangelnde weisheitliche Reflexion über die Geschöpflichkeit und Endlichkeit des Menschen im Neuen oder auf seiten des Neuen Testaments auf die fehlende christozentrierte soteriologische Perspektive der paulinischen Anthropologie im Alten und Ersten Testament. Wenn die Besonderheiten des einen zu Defiziten des anderen aufgerechnet werden, wird die Kontinuität der Diskontinuität untergeordnet und diese überbetont. Vielmehr sollte in einen wirklichen Dialog der Testamente eingetreten werden, der die Verschiedenheit nicht aufhebt, sondern deutlich werden läßt, daß eine auf der theologischen Einheit der Testamente ruhende Biblische Anthropologie nur komplementär und dialogisch entworfen werden kann.
4. Das Woraufhin und das Wovonher des Menschen verteilt sich biblisch wie in einer Ellipse mit zwei Brennpunkten. Im Alten Testament wird, grob gesagt, stärker über die Herkünftigkeit des Menschen, im Neuen Testament über seine Zielgerichtetheit gehandelt. Während das Alte Testament in den Schöpfungsberichten und der gesamten Weisheitsliteratur über das So-Sein und das Sein-Sollen des Menschen reflektiert, handelt das Neue Testament (und die Differenz zum Alten Testament liegt nicht bei Jesus und in den Evangelien, sondern) vor allem bei Paulus über das in Christus veränderte Mensch-Sein. Während im Neuen Testament aufs ganze gesehen die Anthropologie von der christologisch gefüllten Soteriologie her entworfen wird, entfaltet das Alte Testament seine Aussagen zum Menschen schöpfungstheologisch. Beide Ansätze schließen sich nicht aus, sondern ergänzen einander.
5. Zur Verschiedenheit der Testamente gehört die unterschiedliche Gewichtung der Grundlagenfragen des Mensch-Seins. Insbesondere im Bereich der Anthropologie ist ein theologischer Eigenwert des Alten Testamentes unverkennbar. Die Rede von Geschöpflichkeit und Vergänglichkeit, von Körperlichkeit und Sexualität, von der Komplementarität der Geschlechter, von der Sozialität und Kulturalität des Menschen, von seiner Verantwortung und Aufgabe sowie von der gleichen Würde aller geschaffenen Menschen und dem unverlierbaren Verhältnis des Einzelnen zu seinem Schöpfer sind Bereiche, in denen das Alte Testament unaufgebbare und bleibende theologische Einsichten formuliert. Die meisten grundlegenden Einsichten zum Menschen finden sich im Alten Testament. Christus als das Grunddatum

der neutestamentlichen Anthropologie hebt diese Grundeinsichten nicht auf, sondern das Verständnis des Grunddatums »Christus« basiert auf ihnen. Biblisch gegründete christliche Rede vom Menschen ist ohne die Aussagen des Alten Testaments nur verkürzend und in vielen Bereichen gar nicht möglich.

6. Eine Besonderheit und Stärke der Auffassung vom Menschen im Alten Testament besteht in der Ganzheitlichkeit des Verständnisses. Es gibt weder eine Leib-Seele Zweiteilung (Dichotomie) noch eine Leib-Geist-Seele Dreiteilung (Trichotomie), sondern der Mensch ist als psychosomatische Ganzheit wahrgenommen. Erkenntnisfunktionen, Emotionalität und psychophysische Verfaßtheit des Menschen gehören dabei eng zusammen und bilden eine Ganzheit gegenseitiger Abhängigkeiten. Das macht die alttestamentlichen Aussagen zum Menschen heute in einer besonderen Weise anschlußfähig, wo wieder nach einem ganzheitlichen Verständnis des Menschen gesucht wird. Die Auffassung von Krankheit und Tod, vom Leben und seiner Fülle ist durch die komplementäre, auch Widerstreitendes integrierende Sicht eine andere. Der Mensch steht viel spannungsreicher und dynamischer da als in der Statik polarisierender Konzepte. Gerade die Diesseitsorientierung der alttestamentlichen Anthropologie bietet ein unaufgebbares Korrektiv gegen zu jenseitige Entwürfe vom Mensch-Sein. So sind etwa die Heilungswunder Jesu nur auf der Folie des alttestamentlichen Menschen- und Krankheitsbildes zu verstehen. Jesus kennt keinen hellenistischen Dualismus, sondern führt in der Gottesherrschaft den Menschen zu einem Heil, das alle Dimensionen des Menschseins umgreift.

7. Unterschiede waren besonders in der Rezeption der Gottebenbildlichkeitsaussage aus Gen 1 zu erkennen. Während diese dort im Kontext des Herrschaftsauftrages (und damit der Verantwortung des »königlichen« Menschen für die Welt) funktional und nicht qualitativ bestimmt wurde, verschiebt sich die Gottesbildlichkeit im Neuen Testament zu einer verlierbaren Eigenschaft und Wesensaussage bis hin zur christologischen Aussage, die »Christus als das Bild des Vaters« (2 Kor 4,4; Kol 1,15; Hebr 1,3) begreift. Die beide Geschlechter gleichermaßen umfassende Gottesbildlichkeit wird – vermittelt durch die zwischentestamentliche Rezeption – zur gestuften Gottebenbildlichkeit bei Paulus (Gott-Christus-Mann, vgl. 1 Kor 11). Jetzt richtet sich die Gottebenbildlichkeitsaussage weniger auf die Aufgabe des Menschen, sondern auf dessen Erneuerung und Neuschöpfung in Christus (Kol 3,10; Eph 4,24). Die Gottesbildlichkeitsaussage des Alten Testaments darf im Dialog nicht von der paulinischen Gottebenbildlichkeitsauffassung verdrängt werden, sondern bleibt als kritisches Korrektiv in Geltung.

8. Aufgabe einer Biblischen Anthropologie, die im vorliegenden Buch im Ansatz nur angedeutet, durch das Nebeneinander aber nicht ausgeführt werden konnte, müßte sein, die Frage nach dem Menschen im Dialog der Testamente ohne Aufgabe der jeweiligen Eigenaussage zu beantworten. Die Frage nach dem Menschen bleibt auch dann offene Frage, da sie gerade biblisch radikal von der Frage nach Gott abhängt. Der perspektivische

Fluchtpunkt einer biblischen Anthropologie ist Gott, ihr Entwurf theozentrisch mit christologischem Akzent, ihr Ziel hingegen die Entfaltung einer soteriologischen Perspektive für den Menschen.

9. Den Abschluß des »Dialogs« sollen einige Thesen bilden, die die Auffassung des Alttestamentlers zusammenfassen und in manchem Punkt zuspitzen:

• Die Anthropologie der Bibel ist für christliche Theologie unverzichtbar und zur philosophischen Anthropologie komplementär. Das Menschenbild des Alten Testaments sollte dabei die unaufgebbare Grundlage christlicher Reflexion über den Menschen darstellen.

• Die in allen Dimensionen des Menschseins entfaltete Geschöpflichkeit des Menschen ist das Spezifische der alttestamentlichen Anthropologie. Dabei hält die alttestamentliche Anthropologie die Spannung zwischen Hoheit und Niedrigkeit, Größe und Elend des Menschen durch. Die alttestamentlichen Aussagen über den Menschen gehen nicht nur von einem Humanum aus, sondern füllen dieses positiv wie negativ und bilden darin die Grundlage der neutestamentlichen Auffassung vom Menschen. Die grundlegende Einsicht, daß die Würde des Menschen gerade in der Spannung zwischen Größe und Elend liegt und beides nicht ohne das je andere zu haben ist, entfaltet das Neue Testament vom Christusereignis her in der Spannung von Kreuz und Auferstehung.

• Die alttestamentlichen Reflexionen über die Vergänglichkeit des Menschen behalten ihren Wert auch gegen und neben der Auferstehungshoffnung des Neuen Testamentes und deren gewachsenen Anfängen im Alten Testament. Die Orientierung an der innerweltlichen Gerechtigkeit und das Leiden an der Unvollkommenheit der diesseitigen Welt werden nicht durch die Jenseitshoffnung abgeschwächt. Diesseitig gelingendes Leben ist vom Alten Testament her das Ziel, das es für den Menschen zu verwirklichen gilt, das er aber nie ganz innerweltlich verwirklichen kann. Individuelles und strukturelles Leid wird als Minderung des Lebens verstanden, die nicht gottgemäß ist. Diese Vorgaben bilden zugleich den Rahmen einer auf das Alte Testament gegründeten Ethik.

• In den anthropologischen Aussagen des Alten Testamentes wird der Mensch als ein Wesen in Beziehung gestellt. Die Sozialität ist für ihn ebenso konstitutiv wie die Beziehung zu (s)einem persönlichen Gott. Dabei ist keine Dimension des Menschseins aus der Gottesbeziehung ausgeklammert.

In den alttestamentlichen Aussagen zur Anthropologie wird der Mensch als Kulturwesen und als Kultur gestaltendes Wesen entworfen. Deswegen finden sich bedeutende Aussagen zur Rolle der Arbeit, der Zeit oder der Sozialität des Menschen vor allem im Alten Testament.

Die begrenzte Sonderstellung des Menschen in der Schöpfung kann nicht als Anthropozentrismus verstanden werden, sondern ist in den Aussagen des Alten Testamentes funktional konnotiert und immer in eine Verantwortlichkeitssphäre einer Mitgeschöpflichkeit gestellt. Die Gottesbildlichkeitsaussage, die als funktionale Aussage nicht auf eine Wesensähnlichkeit zwischen Gott und Mensch zielt, sondern den Menschen als königlichen Sachwalter und verantwortlichen Mandatar über die Schöpfung einsetzt, hat eine wichtige, aber nicht dominante Stellung in der alttestamentlichen Anthropologie. Dennoch haben die Aussagen zur Gottesbildlichkeit Leitbildfunktion für die Beschreibung der Stellung des Menschen in der Schöpfung Gottes (z.B. der Ökologiedebatte).

Neues Testament

Oda Wischmeyer

Der alttestamentliche Dialogbeitrag ist schon so gesamtbiblisch, daß aus neutestamentlicher Sicht nur Weniges beigesteuert werden muß.

Erstens ist die Bezogenheit der Menschen auf Gott in der Tat die Basis jeder Gestalt alttestamentlicher und neutestamentlicher Rede vom Menschen. Der Mensch ist weder im Alten Testament noch im Neuen Testament mit sich und seinesgleichen allein. Dies ist keine harmlose Wunschvorstellung von einem guten Vater-Gott, sondern wird angesichts größter menschlicher Schuld und Einsamkeit schriftstellerisch bekannt und dargestellt. Die Erzählung von Kain und Abel und der Bericht von Jesu Prozeß und Hinrichtung zeigen dies in besonderer Radikalität.

Zweitens sind sich alle Formen alt- und neutestamentlicher Rede vom Menschen darin einig, daß sich der Mensch grundsätzlich gegen sein ursprüngliches Verhältnis zu Gott und zu den Mitmenschen gestellt hat. Die neutestamentliche Rede von der Sünde hat ihre Grundlage in Genesis 3. Damit verbietet sich von beiden Testamenten her eine harmlose Sicht des Menschen als eines Geschöpfs, das grundsätzlich gut ist und Gutes tut, wenn es auch im Einzelfall einmal versagt.

Drittens hängt damit eng zusammen, daß beide Testamente davon ausgehen, der Mensch lebe von vornherein im Rahmen der Gebote Gottes und könne sein Leben nicht einfach selbstbestimmt und selbstnormierend führen. Wenn Paulus nicht nur von der christlichen Freiheit, sondern auch vom Gesetz Christi und vom Gesetz des Geistes spricht, macht er deutlich, daß auch die christliche Freiheit eine ethische Lebensform darstellt – die Form der Liebe.

Viertens: Wenn das Neue Testament in den Briefen des Paulus zu Elementen einer eigenen Anthropologie kommt, so beruhen diese zuerst auf dem Menschenverständnis des Alten Testaments, das den Juden Paulus grundlegend geprägt hat, und dann auf seiner Erfahrung des auferstandenen Jesus Christus, die er in Verkündigung und Lehre ausspricht, reflektiert und in ihrer Bedeutung für die Menschen weiterdenkt. Seine anthropologische Grundfrage heißt: Wie sind die Menschen, die Gottes gefallenen Geschöpfe seit Genesis 1–3 sind und die Gott durch Bund und Gesetz für Israel und durch die Institution des Rechts und des Gewissens für die »Völker« bisher geleitet hat, im Lichte der Zeit nach Jesu Kreuzigung und Auferstehung zu verstehen? Was sollen sie hoffen? Woran sollen sie glauben? Was sollen sie tun? Und: Wie ist ihr Status in der Zeit zwischen Schöpfung und Auferstehung Jesu einerseits und der endgültigen Vollendung andererseits zu beschreiben? Welche Bedeutung haben die Leiblichkeit und die Sterblichkeit des Menschen? Was ist mit der Sünde?

Fünftens und letztens scheint mir das allerwichtigste der Umstand zu sein, daß Altes und Neues Testament Buchsammlungen mit dem Thema sind: das Schicksal und die Bestimmung der Menschen vor Gott, dem Gott Israels, der Völker und dem Vater Jesu Christi.

Dieses Thema wird primär zeitlich entfaltet, und zwar von der Erschaffung der Menschen her bis zu ihrer endgültigen Versöhnung mit Gott (Röm 11, 25–32). Gottes Freude am Menschen und seine Barmherzigkeit in bezug auf den Menschen kulminieren in der Sendung seines Sohnes, »der gekommen ist, zu suchen und selig zu machen, was verloren ist« (Lk 19, 10). Damit ist die Linie vom Alten Testament, das die Bibel der frühen Christenheit war, zu den neutestamentlichen Schriften gezogen, die erst später Bestandteil der neuen Bibel der Alten Kirche aus den zwei Testamenten wurden.

Anhang

Anmerkungen

Altes Testament

1 Sofern nicht anders angegeben sind im Folgenden alle Zitate aus der Einheitsübersetzung, die der Kommentierung der Neuen Echterbibel zugrunde liegt.

2 G. Fischer, K. Backhaus, Sühne und Versöhnung (NEB Themen 7), Würzburg 2000; C. Brüning, K. Kertelge, Die Frage des Bösen (NEB Themen 6), Würzburg in Vorb.

3 Vgl. zu den altorientalischen Vergleichstexten O. Keel, S. Schroer, Schöpfung, Göttingen, Fribourg 2002. Daneben zur Schöpfungstheologie K. Löning, E. Zenger, Als Anfang schuf Gott, Düsseldorf 1997 und das Heft 2 (1996) von Welt und Umwelt der Bibel, Thema Schöpfung.

4 So bildet der große Gott Ea im Enuma Elisch, einem der großen babylonischen Schöpfungsepen, Götter und Menschen aus Lehm. Die Göttin Nintu formt im *Atramḫasis*-Mythos Menschen aus Lehm und einem geschlachteten Gott, oder die Muttergöttin Nammu in *Enki und Ninmach* bringt Lehm in Form. Enkidu, der Held des Gilgamesch-Epos, wird von der Muttergöttin Aruru aus Lehm erschaffen. Schließlich ist auf die griechische Überlieferung hinzuweisen, in der Prometheus seine Geschöpfe aus Ton bildet, oder auf den Gott Chnum, der den Pharao Amenophis III. auf der Töpferscheibe formt. Vgl. zu den genannten Texten jüngst O. Keel, S. Schroer, Schöpfung. Ebd. 137 auch zur Problematik der Übersetzung »Lehm« in Enki und Ninmach.

5 Ein dritter Ansatzpunkt, der bisher in der Forschung noch nicht gesehen wurde, ist der Einsatz von Salz. Das Neugeborene wird aus hygienischen Gründen mit Salz abgerieben (Ez 16,4), der Käse wird aus anderen Gründen ebenfalls gesalzen. Und wie bestimmte Weichkäsesorten, um sie feucht zu halten, in feuchte Tücher eingeschlagen werden, so wird das Neugeborene in Windeln gewickelt und in trockene Tücher eingeschlagen (Ez 16,4). Es gibt viele Vergleichspunkte zur Käseherstellung, so dass die Allegorie nicht nur auf dem Gerinnungsvorgang fußt.

6 Vgl. zur Würde in biblisch-theologischem Kontext: Menschenwürde, Jahrbuch für Biblische Theologie 15 (2000), Neukirchen-Vluyn 2001.

7 Vgl. dazu B. Janowski, U. Neumann-Gorsolke, U. Glessmer, Gefährten und Feinde des Menschen. Das Tier in der Lebenswelt des Alten Testaments, Neukirchen-Vluyn 1993; O. Keel, T. Staubli, »Im Schatten Deiner Flügel. Tiere in der Bibel und im Alten Orient, Freiburg/Schweiz 2001; P. Riede, Im Spiegel der Tiere. Studien zum Verhältnis von Mensch und Tier im alten Israel (OBO 187), Göttingen 2002; E.Grässer, KAI ÄN META TWN THÄRIWN (Mk 1,13b). Ansätze einer theologischen Tierschutzethik, in: W. Schrage (Hg.), Studien zum Text und zur Ethik des Neuen Testaments (FS H. Greeven) (BZNW 47), Berlin/New York: 1986, 144–157; ders., Gefährten der Einsamkeit. Die Tiere sind Mitgeschöpfe des Menschen, in: EvKomm 4 (2000) 10–12.

8 Mit dem »parallelismus membrorum« wird die häufigste Art der Dichtung in der hebräischen Poesie beschrieben. Ein »Reim« besteht dabei aus zwei Vershälften, die zueinander synonym sind, d.h. das Gleiche anders sagen. »Ja, der Frevler Licht erlischt, die Flamme seines Feuers strahlt nicht auf« (Ijob 18,5). Neben dem synonymen Parallelismus gibt es den antithetischen, in dem die zweite Vershälfte das Gegenteil zum Ausdruck bringt: »Der Gerechte wird niemals wanken, doch die Frevler bleiben nicht im Land wohnen« (Spr 10,30).

9 S. Schroer, T. Staubli, Körpersymbolik, 75 (bezogen auf die Eingeweide des Menschen).

10 B. Janowski, Konfliktgespräche mit Gott, 19.

11 Hier steht im hebräischen Text anstelle von »Herz« die »Leber«, die in der anthropologischen Sprachlehre selten verwandt ist und in anderen semitischen Sprachen für starke Gefühle der Freude und der Trauer und großen Schmerz steht (vgl. Ps 16,9; 30,13; 57,9 und vielleicht auch Ps 38,5),

12 J. Kegler, Beobachtungen, 34.

13 H.W. Wolff, Anthropologie, 106.

[14] Vgl. dazu C. Frevel, Du sollst dir kein Bildnis machen – Und wenn doch? Überlegungen zur Kultbildlosigkeit der Religion Israels, in: B. Janowski, N. Zchomelidse (Hg.), Die Sichtbarkeit des Unsichtbaren. Zur Korrelation von Text und Bild im Wirkungskreis der Bibel. Tübinger Symposion (Arbeiten zur Geschichte und Wirkung der Bibel 3), Stuttgart 2003; C. Dohmen, Das Bilderverbot (BBB 62), Frankfurt a.M. 2. Aufl. 1987; A. Berlejung, Die Theologie der Bilder (OBO 162), Fribourg / Göttingen 1998.

[15] G. von Rad, Weisheit in Israel, Neukirchen-Vluyn 3. Aufl. 1985, 399.

[16] B. Janowski, Konfliktgespräche, 96 mit Zitat von H. W. Wolff.

[17] Ein Gattungsbegriff steht übergeordnet für mehrere voneinander unterschiedene Einzelexemplare, die untereinander eine merkmalgleiche Klasse bilden. Etwa »Möbel« für Schrank, Tisch und Stuhl, die alle der Wohneinrichtung dienen.

[18] *H. Haag, K. Elliger,* Stört nicht die Liebe. Die Diskriminierung der Sexualität – ein Verrat an der Bibel, Olten 1986, 145, vgl. dies., Zur Liebe befreit. Sexualität in der Bibel und heute, Zürich 2. Aufl. 1999 und das Heft 21 der Zeitschrift Welt und Umwelt der Bibel 2001 mit dem Titel »Liebe und Sexualität«.

[19] L. *Scheffczyck,* Art. Gottebenbildlichkeit, systematisch, LTHK 4 (1995) 875f, hier 875.

[20] S. dazu den Band »Tod und Auferstehung«.

Neues Testament

[1] G. Theißen und A. Merz, Der historische Jesus. Ein Lehrbuch, Göttingen 3. Aufl. 2001, 183.

[2] B.J. Malina, Die Welt des Neuen Testaments. Kulturanthropologische Einsichten, Stuttgart u. a. 2. Aufl. 1993, 76.

[3] Ebd.

[4] A.a.O. 78.

[5] Ebd.

[6] Vgl. einführend B.J. Malina, Die Welt des Neuen Testaments, 69–76. Vertieft: B.J. Malina und J.H. Neyrey, Portraits of Paul. An Archeology of Ancient Personality, Louisville, Kentucky, 1996.

[7] A.a.O. 21.

[8] Die ganz stark christologisch bestimmte Anthropologie des Johannesevangeliums wird in der neuen Spezialstudie von Christina Urban »Das Menschenbild im Johannesevangelium«, WUNT 2. Reihe 137, Tübingen 2001, anhand der Texte 1,35–41; 4,1–42; 8, 21–59 erhoben.

[9] R. Bultmann, Theologie des Neuen Testaments, Tübingen 9. Auflage, durchgesehen und ergänzt von O. Merk, 1984, 195. Auch das Weitere nach Bultmann ebd. – Insgesamt ist zu diesem Thema Bultmanns Abschnitt über die anthropologischen Begrife bei Paulus nach wie vor die klassische Darstellung (a.a.O. 193–270).

[10] A.a.O. 205.

[11] A.a.O. 208.

[12] A.a.O. 211f.

[13] A.a.O. 213.

[14] A.a.O. 221.

[15] A.a.O. 222.

[16] A.a.O. 233.

[17] A.a.O. 234.

[18] A.a.O. 191–353.

[19] J. Hirschberger, Geschichte der Philosophie I. Altertum und Mittelalter, Freiburg 8. Aufl. 1965, 117.

[20] A.a.O. 118.

[21] A.a.O. 121.

[22] A.a.O. 121.

[23] Essay on Man 1944.

[24] RGG Tübingen 4. Aufl. 1998 1, 522.

[25] B. J. Malina, Die Welt des Neuen Testaments.

Literaturverzeichnis

(außer Kommentaren und Beiträgen in Wörterbüchern bzw. Lexika)

Altes Testament

R. ALBERTZ, Art. Mensch II. Altes Testament, in: Theologische Realenzyklopädie 22 (1992) 464–474.

A. DEISSLER, Wer bist du, Mensch? Die Antwort der Bibel, Freiburg u.a. 1985.

E. GERSTENBERGER / W. SCHRAGE, Frau und Mann (UB 1013), Stuttgart u.a. 1980.

W. GROSS, Gen 1,26.27; 9,6: Statue oder Ebenbild Gottes? Aufgabe und Würde des Menschen nach dem hebräischen und dem griechischen Wortlaut, in: Jahrbuch für biblische Theologie 15 (2000) 11–38.

T. HIEKE, Staub vom Ackerboden oder wenig geringer als Gott? Menschenbilder des Alten Testaments in spannungsvoller Beziehung, in: Lebendiges Zeugnis 53 (1998) 245–261.

F. L. HOSSFELD, Gottes Heiligkeit und die Sexualität des Menschen – alttestamentliche Hintergründe zur Position des Paulus in 1 Kor 5–7, in: M. Gielen, J. Kügler (Hg.), Liebe, Macht und Religion. Interdisziplinäre Studien zu Grunddimensionen menschlicher Existenz (Gedenkschrift H. Merklein), Stuttgart 2003, 83–95.

H. IRSIGLER, Die Frage nach dem Menschen in Psalm 8. Zu Bedeutung und Horizont eines kontroversen Menschenbildes im Alten Testament, in: Vom Adamssohn zum Immanuel (Arbeiten zu Text und Sprache im Alten Testament 58), St. Ottilien 1997, 1–48.

B. JANOWSKI, Konfliktgespräche mit Gott. Eine Anthropologie der Psalmen, Neukirchen-Vluyn 2003.

O. KAISER, Der Mensch, Gottes Ebenbild und Statthalter auf Erden, in: Gottes und der Menschen Weisheit (Beihefte zur Zeitschrift für die alttestamentliche Wissenschaft 261), Berlin u.a. 1998, 43–55.

J. KEGLER, Beobachtungen zur Körpererfahrung in der hebräischen Bibel, in: F. Crüsemann; C. Hardmeier; R. Kessler (Hg.), Was ist der Mensch...? Beiträge zur Anthropologie des Alten Testaments, München 1992, 153–163.

K. KOCH, Imago Dei. Die Würde des Menschen im biblischen Text, Göttingen 2000.

K. KOCH, Perspektiven biblischen Menschenverständnisses im Zeitalter der Technologie, in: E. Herms (Hg.), Menschenbild und Menschenwürde, Gütersloh 2001, 48–70.

L. KÖHLER, Der hebräische Mensch. Eine Skizze, Tübingen 1956 (=Darmstadt 1976).

R. LUX, Die Bibel – Lehrerin der Menschheit. Anmerkungen zur biblischen Anthropologie, ZZ 4 (1996) 122–129.

H.P. MATHYS (Hg.), Ebenbild Gottes – Herrscher über die Welt. Studien zu Würde und Auftrag des Menschen (Biblisch-theologische Studien 33), Neukirchen-Vluyn 1998.

A. MEINHOLD, Zur weisheitlichen Sicht des Menschen (ABG 6), Leipzig 2002.

S. SCHROER, T. STAUBLI, Die Körpersymbolik der Bibel, Darmstadt 1998.

C. WESTERMANN, Der Mensch im Alten Testament (Altes Testament und Moderne 6), Münster 2000.

H. W. WOLFF, Anthropologie des Alten Testaments, München 7. Aufl. 2002.

W. ZIMMERLI, Das Menschenbild des Alten Testaments (ThEx 14), München 1949.

Neues Testament

H. D. BETZ, The Concept of the »Inner Human Being« (ὁ ἔσω ἄνθρωπος) in the Anthropology of Paul, New Testament Studies 46, 2000, 315–341.

J. BEUTLER (Hg.), Der neue Mensch in Christus. Hellenistische Anthropologie und Ethik im Neuen Testament, Quaestiones Disputatae 190, Freiburg 2001.

R. BULTMANN, Römer 7 und die Anthropologie des Paulus, in: ders., Exegetica, Tübingen 1967, 198–209.
DERS. Theologie des Neuen Testaments, 9.Aufl. Tübingen 1984, durchgesehen und ergänzt von O. Merk, 193–353.
J. FREY, Die paulinische Antithese von »Fleisch« und »Geist« und die palästinisch-jüdische Weisheitstradition, Zeitschrift für neutestamentliche Wissenschaft 90, 1999, 45–77.
M. GIELEN, Grundzüge paulinischer Anthropologie im Lichte des eschatologischen Heilsgeschehens in Jesus Christus, Jahrbuch für Biblische Theologie 15, 2000, 117–148.
H. HEGERMANN, Art. Mensch IV, Theologische Realenzyklopädie 22, 1992, 481–493.
R. JEWETT, Paul's Anthropological Terms. A Study of their Use in Conflict Settings, Leiden 1971.
E. KÄSEMANN, Zur paulinischen Anthropologie, in: ders., Paulinische Perspektiven, 2. Aufl. Tübingen 1969, 9–60.
W. J. KÜMMEL, Römer 7 und das Bild des Menschen im Neuen Testament, Theologische Bücherei 53, Gütersloh 1974.
U. SCHNELLE, Neutestamentliche Anthropologie, Neukirchen 1991.
CHR. URBAN, Das Menschenbild nach dem Johannesevangelium, Wissenschaftliche Untersuchungen zum Neuen Testament 2, 137, Tübingen 2001.

Abkürzungsverzeichnis

Alttestamentliche Bücher

Gen	Genesis
Ex	Exodus
Lev	Levitikus
Num	Numeri
Dtn	Deuteronomium
Jos	Josua
Ri	Richter
Rut	Rut
1 Sam	1 Samuel
2 Sam	2 Samuel
1 Kön	1 Könige
2 Kön	2 Könige
1 Chr	1 Chronik
2 Chr	2 Chronik
Esra	Esra
Neh	Nehemia
Tob	Tobit
Jdt	Judit
Est	Ester
1 Makk	1 Makkabäer
2 Makk	2 Makkabäer
Ijob	Ijob
Ps	Psalmen
Spr	Sprichwörter
Koh	Kohelet
Hld	Hoheslied
Weish	Weisheit
Sir	Jesus Sirach
Jes	Jesaja
Jer	Jeremia
Klgl	Klagelieder
Bar	Baruch
Ez	Ezechiel
Dan	Daniel
Hos	Hosea
Joël	Joël
Am	Amos
Obd	Obadja
Jona	Jona
Mi	Micha
Nah	Nahum
Hab	Habakuk
Zef	Zefanja
Hag	Haggai
Sach	Sacharja
Mal	Maleachi

Neutestamentliche Bücher

Mt	Matthäus
Mk	Markus
Lk	Lukas
Joh	Johannes
Apg	Apostelgeschichte
Röm	Römerbrief
1 Kor	1. Korintherbrief
2 Kor	2. Korintherbrief
Gal	Galaterbrief
Eph	Epheserbrief
Phil	Philipperbrief
Kol	Kolosserbrief
1 Thess	1. Thessalonicherbrief
2 Thess	2. Thessalonicherbrief
1 Tim	1. Timotheusbrief
2 Tim	2. Timotheusbrief
Tit	Titusbrief
Phlm	Philemonbrief
Hebr	Hebräerbrief
Jak	Jakobusbrief
1 Petr	1. Petrusbrief
2 Petr	2. Petrusbrief
1 Joh	1. Johannesbrief
2 Joh	2. Johannesbrief
3 Joh	3. Johannesbrief
Jud	Judasbrief
Offb	Offenbarung des Johannes